駿台受験シリーズ

短期攻略

大学入学共通テスト

漢文

改訂版

久我昌則・水野正明　共著

駿台文庫

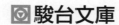

はじめに

大学入学共通テストの漢文は、センター試験の漢文の延長線上にありますが、文脈把握から本文の内容を理解したうえで設問に対応しなければなりません。短絡的に基本句形を当てはめて答えられる設問がほぼなくなり、さらに本文の字数も二〇〇字前後まで増加しています。つまり基本句形・語法を覚えたうえで、しっかり本文を読んで内容を理解して設問に答える問題になっています。

漢文学習の本質は、本文の内容を読解して先人たちの考えを理解することにあります。先人たちの価値基準を読み解いてゆくことが必要になるのです。そのためには漢文訓読法を習得しなくてはいけません。漢文訓読法という伝統的な技法とは古典中国語を翻訳・日本語化する技法のことです。ただし翻訳とはいっても今日一般にいわれている外国語の翻訳とは異なります。単なる意味の変換ではなく意味の創出というべきものです。返り点をつけ送り仮名をつけて訓読するということは、昔の日本人がどのように意味を考え内容を理解したのかを示しているのです。つまり日本における「異文化理解」といえます。訓読法とは、歴史というフィルターを通して残された、先人たちの考えを理解してゆく「文化の翻訳」という知の技法なのです。この漢文訓読法を問うのが大学入試での漢文問題です。

大学入学共通テストの漢文では、高度な読解力・思考力・判断力が問われることになります。つまり高度な内容把握力が問われるのです。そのためにさまざまな設問形式が登場し、分量も増加傾向にあります。この問題集は、そのような共通テストの漢文を攻略するために作られています。まずは本文をしっかり読んで内容を理解してください。本文内容を把握できれば柔軟に設問に対応できるようになります。漢和辞典を活用して基本に立ち返りながら本文を読み解いてください。一歩ずつ漢文の学習を進めてゆくことによって、自然に確実に高得点をとる力が身に付くはずです。

著者

目次

この問題集の利用法

まだ句形が充分に理解できていない人は「頻出句形チェック」をやってください。句形を確認しておきましょう。

① 問題を20分で解いていきましょう。必ず本文を最後まで読んでから設問に取り組んでください。（問題冊子の最後にマークシートが付いていますので、練習用に使用してください。）

② 答え合わせをしてみましょう。解説を読んで本文の読解は正しかったかどうかを確認してください。もし間違っていればどこで間違えたのか、勘違いしていたのかを考えてください。

③ 再度、本文を読み直しましょう。意味を考えながら、繰り返し5回以上は読んでください。音読しなくとも黙読でかまいません。

④ 設問でわからなかったもの、間違えたものは解説を見ながら考えてみましょう。納得できなければ、なぜ納得できないのかを考えて再度本文を読み直してください。きっと納得できるものがあるはずです。

⑤ 語句や基本句形で覚えていなかったものはノートにまとめましょう。漢和辞典や付録の部分を活用してください。

⑥ 問題文を見ながら、ノートに書き下し文を作成しましょう。解説の書き下し文を使って答え合わせをしながら意味を考えましょう。

⑦ この問題集が最後まで終われば、もう一度最初からやってみましょう。きっとはじめの時より短い時間でできるはずです。

この問題集を充分使いこなせば必ず共通テストで高得点が取れます。最後まであきらめずに。

陽気《ノ》発《スル》処、金石亦《モタ》透《とほル》。（熱心にやれば、どんな難事でも成し遂げることができる。）『朱子語録』

大学入学共通テストの漢文の特徴と解法

国語の問題構成

大問	出題分野	題材	配点
第1問	近代以降の文章（現代文）	論理的な文章	3問110点
第2問		文学的な文章	
第3問		実用的な文章	
第4問	古典	古文	45点
第5問		漢文	45点

〈共通テスト漢文の特徴〉

共通テスト漢文はセンター試験漢文の延長線上にあり、さらなる**読解力・思考力・判断力**が問われる。そのためさまざまな設問形式が登場し、分量も増加すると考えられる。

ジャンルは、テーマ性のある随筆や評論、漢詩が中心になっている。古代中国の漢文だけではなく、日本漢文や、広く漢字文化圏にある各国の漢文が対象になるであろう。また、時代的には近世以降の漢文が多いと思われるが、古代・中世の漢文も考えられる。

一つ、あるいは複数のテクストの読解が求められている。古典中国での漢文が複数、古典中国の漢文と日本漢文、漢文と和漢混淆文、漢文と現代日本語の解説などさまざまな組合せが考えられる。しっかりと本文が読めれば問題はないだろう。

分量的には、複数のテクストであればかなり多くなることも考えられる。センター試験では二〇〇字前後であったが、二三〇字ぐらいの出題も考えられ、読む量はかなり多くなる。配点も細かくなる可能性がある。

時間配分としては、**所要時間は20分**。本文の読解に10分、設問を解くのに10分。15分以下ではまずできないと考えたほうがよい。本文を一読して理解できるように訓練しておこう。

〈共通テスト漢文の解法〉

◆本文読解の方法

まず、本文の長さを確認し、設問をざっと見てどのような新しい形式があるかを確認しよう。新しい形式の設問は素直に考えれば大丈夫。先に選択肢を読んでおく必要はない。

次に、本文の意味を考えながら**最後まで通して読む**。**文脈を捉えることが重要**。わからない部分は後で考える。わからない漢字は知っている熟語にして意味を考える。問題文が複数あるときは、先にすべてを順番通りに読んでおこう。傍線部にぶつかるごとに設問をやっていても答えはわからない。次の点に注意しながら読んでいこう。

・全体のあらすじ（誰がどうして、どうなったか）・論の流れ（序論・本論・結論）をつかむ。

・最初に前提条件が示されていることが多い。人物伝・説話では最初に主人公の性格付け、人物の性格付け・「為レ人」（ひとトなリ）がある。その後にエピソードがくる。最後にまとめ・訓戒がくることもある。

・論説文では最初に条件付けがあり、その後に論証部分がくる。

序論・本論・結論の構成が多い。

・結論・まとめは「夫（そレ）」、作者の主張は「蓋（けだシ）」などで示される。読むときに自分なりの印をつけよう。

・人名・登場人物を丸印で囲み、主語をおさえる。主語はその場面ごとに述語・動詞と関連づけて考える。

・基本句形・語法に線を引く。基本句形・語法を手掛かりにして文脈・文意を考える。

・対《つい》になる言葉・対句に印を付ける。キーワード・キーセンテンスになることが多い。

・時系列を考える。時間軸・時制を表す言葉に印を付ける。（初・嘗・他日・昔・今など）

・逆接の語句に印を付ける。（然・雖など）

・比喩が何をあらわすか、どの言葉と結びつくか考えて線や印を付けておく。

◆設問の解法

設問の問いかけをよく読み、設問の意図を理解する。論理的に答えを導き出す。問題文が複数あるときは、互いに比較して関連性を考える。先ず、選択肢を吟味する前に、7～8割でよいので解答を作る。

解答へのアプローチは、文脈の読解からと句形・語法・文構造からの二通り以上の方法がある。

●語彙問題

語句の読み・意味の問題は、本文での意味を考えておくこと。副詞・慣用句の読みや意味は覚えておこう。

熟語問題は、まず本文での意味を文脈から考える。それから選択肢の意味を考える。本文の漢字一文字が多義語であることが多い。選択肢の熟語は現代日本語の熟語となり、常用漢字の範囲内である。それぞれ、熟語の構造から意味を考えることができる。

●書き下し文の問題

返り点のみの文や白文の問題は、先ず基本句形・語法で読める文字をおさえる。次に文構造（ＳＶＯＣ）、意味を考える。また意味のまとまりがわかるところから読んでみる。傍線部前後との意味のつながりを考え、読みと意味が一致するように何度もすりあわせて返り点・送り仮名を付ける。

●現代語訳の問題

白文問題と同じように基本句形・語法から意味を考える。前後関係から文意が通るように直訳し、さらに省略されているものを補い、7～8割がたの意味を考える。その後で選択肢を見る。基本句形や語句の意味は逐語訳ではなく書き換えてあるので注意しながら選ぶ。

●内容把握・合致問題

設問の意図を読み取り、傍線部の前後だけではなく、文章全体の意味から考える。また、複数の問題文があるときは、どちらが典拠となっているか、互いの関係性を考え比較しながら吟味する。そのうえで設問の答えになっているかどうか、どこまで類推できる範囲かということに注目する。ほかの設問と相互にリンクしていることがあるので注意を払う。

第1問 『呂氏春秋』

解答・解説2ページ

次の【文章Ⅰ】と【文章Ⅱ】は、ともに戦国時代の呂不韋《りょふい》が編纂した『呂氏春秋《りょししゅんじゅう》』の一節である。これらを読んで、後の問い（問1～7）に答えよ。なお、設問の都合で返り点・送り仮名を省いたところがある。（配点 45）

【文章Ⅰ】

（注1）斉《せい》ノ桓《くわん》公《こう》（注2）合《がつ》スルヤ二諸侯ヲ一、（注3）衛《ゑい》人《ひと》後《おく》レテ至ル。公朝《てう》シテ而（ア）与二（注4）管《くわん》仲《ちう》一謀ルレ伐《う》タンコトヲレ衛ヲ。退キテレ朝ヲ而入ルニ、（注5）衛姫《き》望二-見シ君ヲ一、下リテレ堂ヲ再拝シ、請フ二衛君之罪ヲ一。公曰ハク、［A:「吾於イテレ衛ニ無シレ故、子曷《なん》為《す》レゾ請フト。」］対ヘテ曰ハク、「（注6）妾《せふ》望ムニ二君之入ルヲ一也《や》、足高ク気彊《つよ》ク、有ル二伐ツレ国ヲ之志一也。見テレ妾ヲ而有リ二（注7）動色一、伐タントスルレ衛ヲ也ト。」明日君朝シ、（注8）揖《いふ》シテ二管仲ヲ一而進ムレ之ヲ。管仲曰ハク、「君舎《ゆる》サンレ衛ヲ乎《か》ト。」公曰ハク、［B:「（注9）仲《ちう》父《ほ》安識之。」］管仲曰ハク、「君之揖スルレ朝ニ也《や》

恭《ニシテ》、而言《フ》也《や》徐《しづカナリ》、見《ルニ》レ臣《ヲ》而有《リ》二慙《ざん》(注10)色《しょく》一、臣(イ)是以知《ルト》レ之《ヲ》。」君曰《ハク》、「善《よシ》。仲父《ハ》治《メ》レ外《ヲ》、夫人《ハ》治《ム》レ内《ヲ》。C寡《くわ》(注11)人《じん》知二終不レ為二諸侯笑一矣。」桓公之所《ノ》二以匿《スル》一者《ハ》不言也。今管子《ハ》乃《チ》以《テシ》二容貌音声《ヲ》一、夫人《ハ》乃《チ》以《テス》二行歩気志《ヲ》一。桓公雖《モ》レ不《ト》レ言《ハ》、D若《キ》二暗夜《ニシテ》而燭《ノ》燎《もユルガ》一也。

【文章Ⅱ】

勝書《しょうしょ》(注12)説《キテ》二周(注13)公旦《たんニ》一曰《ハク》、「廷(注14)小《ナルニ》人衆《シ》。E徐言《スレバ》則《チ》不レ聞《コエ》、疾言《スレバ》則《チ》人知《ラン》レ之《ヲ》。徐言《セン》乎《か》、疾言《セン》乎《かト》。」周公旦曰《ハク》、「徐言《セヨト》。」勝書曰《ハク》、「有《リ》二事於此《ここニ》一。而《ルニ》精(注15)二言《スレバ》之《ヲ》一而《すなはチ》不レ明《ラカナラ》、勿《クンバ》レ言《フコト》レ之《ヲ》而《チ》不レ成《ラ》。精言《セン》乎、勿《カラン》レ言《フコト》乎《ト》。」周公旦曰《ハク》、「勿《カレト》レ言《フコト》。」故《ゆゑニ》勝書能《ク》以《テ》二不言《ヲ》一説《キ》、而《シテ》周公旦能《ク》以《テ》二不言《ヲ》一聴《ク》。此《ヲ》之謂《フ》二不言之聴《ト》一。

（呂不韋《りょふい》『呂氏春秋《りょししゅんじゅう》』による）

（注）
1 斉桓公——春秋時代、斉国の君主。
2 合二諸侯一——覇者として諸侯を集め盟約を結ぶこと。
3 衛人——衛国の人々。
4 管仲——斉国の賢宰相。
5 衛姫——衛侯の娘で斉の桓公に嫁いできた夫人。
6 妾——女性が謙遜していう自称。
7 動色——顔色を変える。
8 揖——胸の前で両手を組んで会釈の礼をする。
9 仲父——桓公が管仲を尊敬していった呼称。「管子」も管仲のこと。
10 慙色——恥じている様子。
11 寡人——君主の自称、謙称。
12 勝書——人名。
13 周公旦——姓名は姫旦《きたん》、周の武王の弟。武王が殷の紂王を討つのを助け、武王の子の成王を補佐して周王朝の基礎を築いた。孔子が理想とした聖人。
14 廷——朝廷。
15 精言——遠回しに言う。

問1　傍線部(ア)「与」・(イ)「是以」のここでの読み方として最も適当なものを、次の各群の①～⑤のうちから、それぞれ一つずつ選べ。解答番号は 1 ・ 2 。

(ア)「与」 1
① あたへて
② くみして
③ あづかりて
④ と
⑤ より

(イ)「是以」 2
① これをもつて
② これにもつて
③ これによりて
④ ここをもつて
⑤ ここにもつて

問2　傍線部A「吾於レ衛無レ故、子曷為請」の意味として最も適当なものを、次の①～⑤のうちから一つ選べ。解答番号は 3 。

① 私は衛国に対してことさらに盟約を結ぶつもりはない、お前はどうして許しを請うのか。
② 私は衛国に対して何かをしようとは思っていない、お前はどうして許しを請うのか。
③ 私は衛国に対して旧交を取り戻すつもりはない、お前はどうして許しを請うのか。
④ 私は衛国に対して金銭を要求するつもりはない、お前はどうして許しを請うのか。
⑤ 私は衛国に対して信頼を得ようとは考えていない、お前はどうして許しを請うのか。

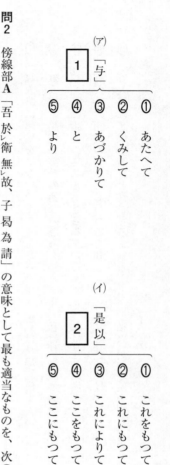

問3 傍線部**B**「仲 父 安 識 之」の返り点と書き下し文との組合せとして最も適当なものを、次の①～⑤のうちから一つ選べ。解答番号は 4 。

① 仲 父 安 識レ之　仲父安《いづ》くにか之を識る
② 仲 父 安 識レ之　仲父安くんぞ之を識る
③ 仲 父 安 識レ之　仲父安くにか之を識らんや
④ 仲 父 安 識レ之　仲父安くんぞ之を識らんや
⑤ 仲 父 安レ識レ之　仲父之を識るに安《やす》んずるか

問4 傍線部**C**「寡 人 知二終 不レ為二諸 侯 笑一矣」の書き下し文とその解釈との組合せとして最も適当なものを、次の①～⑤のうちから一つ選べ。解答番号は 5 。

① 寡人終に諸侯を笑ひに為さざるを知らんや　私は結局諸侯を笑いものにしないことがわかっていないのだ。
② 寡人終に諸侯の笑ひの為ならざるを知る　私は結局諸侯の笑いのためではないことを知っているのだ。
③ 寡人終に諸侯の笑ふを為さざるを知らんや　私は結局諸侯が笑うようなことをしてしまうとわかったのだ。
④ 寡人終に諸侯の笑ひと為らざるを知る　私は結局諸侯に笑われないですんでいるのがわかったのだ。
⑤ 寡人終に諸侯を笑ひと為さざるを知る　私は結局諸侯を笑いものとすることはないと知っているのだ。

問5　傍線部**D**「若㆓暗夜而燭燎㆒也」とはどのようなことを喩《たと》えたものか。その説明として最も適当なものを、次の①～⑤のうちから一つ選べ。解答番号は［6］。

①　桓公が衛を攻めようかと迷っていたとき、管仲が助言をしてくれたうえに討伐計画を進言してくれたということ。

②　桓公が衛を討伐しようとしていたとき、衛姫は桓公の足取りと気迫から気がつき、衛の罪を許してくれるように願い出たということ。

③　桓公が心の内を隠す手段として口に出して言わないようにしていたが、明らかにその態度や表情に出てしまっていたということ。

④　桓公が衛を許すことを決めていたとき、管仲は桓公の表情や声の調子からその心の内を察することができなかったということ。

⑤　桓公が内心では、斉の表向きの政治を管仲に任せ、夫人に内向きの後宮を取り仕切らせようと考えていたということ。

問6 傍線部**E**「徐言則不㆑聞、疾言則人知㆑之」の解釈として最も適当なものを、次の①～⑤のうちから一つ選べ。
解答番号は 7 。

① 静かに話されたので聞こえません、声高に話されたとしても他の人にはわからないでしょう。
② 静かに話していますので聞こえません、声高に話しますと他の人が知ってしまうでしょう。
③ 静かに話しましたが聞こえませんでした、声高に話して他の人に知らせる方がよいでしょう。
④ 静かに話したとしても聞こえません、声高に話したところで他の人にはわからないでしょう。
⑤ 静かに話すならば聞こえません、声高に話すならば他の人が知ってしまうでしょう。

問７　【文章Ⅰ】と【文章Ⅱ】とからそれぞれ読み取れる「不言之聴」の説明として最も適当なものを、次の①～⑤のうちから一つ選べ。解答番号は 8 。

①　桓公から何も聞かされていないので、衛姫と管仲は衛の国を討伐しようとする桓公の考えがすぐにはわからず、勝書は周公旦の言葉から他の人に話を聞かせようとしている周公旦の考えがわかったということ。

②　衛国が遅れてきたことを怒った桓公は、衛姫と管仲の意見さえも聞き入れずに、即刻討伐してしまい、周公旦は、朝廷の中に多くの人がいるので勝書の意見を聞き入れずに、何も知ろうとはしなかったということ。

③　桓公は衛国を討伐しようと考えたが、何も言わなかったので衛姫と管仲はそのことに気がつかず、周公旦は勝書の話の内容を知っていたが、何も言わなかったので勝書はそのことに気がつかなかったということ。

④　桓公が自分の考えを口に出さずとも、衛姫と管仲は優れた観察力によって桓公の心の中を読み取ることができ、勝書が何も語らずとも、周公旦は卓越した洞察力によってその内容を知ることができるということ。

⑤　桓公は何も言わなかったけれども、衛姫と管仲は優れた会話術によって桓公の心の中を聞き出すことができ、勝書が何も語らずとも、周公旦は独善的な推論によってその内容を憶測することができるということ。

第2問 『冥報記』

解答・解説9ページ

次の文章を読んで、後の問い（**問1〜7**）に答えよ。なお、設問の都合で返り点・送り仮名を省いたところがある。（配点 45）

隋(注1)ノ開皇初メ、冀《き》(注2)州ノ外《ぐわい》(注3)邑《いふ》ノ中ニ有リ二小児一。常ニ盗ミ二隣家ノ鶏卵ヲ一、焼キテ而食フレ之ヲ。後ニ早朝、其ノ父聞ク下外ニ有リテレ人叩キレ門ヲ呼ブ二此ノ児ヲ一声ヲ上。A父令児出応之。見ルニ一人、云ヘラク、「官喚ブト二汝ヲ役(注4)ニ一。」児曰ハク、「喚ババ二我ヲ役ニ一者、入リテ取ラセヨト二衣糧ヲ一。」使者曰ハク、(ア)「不レ須也。」因リテ引キレ児ヲ出ヅ二村ノ門ヲ一。村ノ南ハ旧《もと》是レ桑(注5)田ナリ。此ノ児忽《たちまチ》見ル三道(注6)右ニ有ルヲ二一小城一。児怪シミテ曰ハク、「何レノ時カ有ルトレ此レ。」使者呵《しかり》レ之ヲ、使ムレ勿カラレ言フコト。因リテ引キ至ル二城ノ北門ニ一。児入リテ度《わたレバ》(注7)レ閫《こんヲ》、城門忽チ閉ヅ。地ハ皆熱(注8)灰砕火ニシテ、深サ纔《わづカニ》没スレ踝《くるぶし》ヲ。児忽チ呼叫(注9)ビ、走リテ趣《おもむ》クニ南門ニ一、垂《なんなん》トスレバレ至ルニ而《すなはチ》閉ヅ。又走ルモ二東西北門ニ一、亦タ皆如シレ是クノ。B未ダレ往カレバ、則チ開キ、既ニ至レバ、便チ闔《と》ヅ。

時ニ村人出デテ採ルレ桑ヲ。皆見ル下此ノ児ノ在リ二耕田ノ中ニ一、口似ニスルハ二啼《なく》声ニ一、四方ニ馳《ち》走《そう》スルヲ上。皆相謂ヒテ曰ハク、「此ノ児狂ナルか耶《か》。旦《あした》来《より》C如クニシテレ此クノ、遊戯スルコト不トレ息《や》マ。」皆帰ル。児ノ父問ヒテ曰ハク(イ)、「見レ児不。」桑人答ヘテ曰ハク、「D在二村南一走戯、喚不二肯来一。」父出デレ村ヲ、遥カニ見ニ児ノ走ルヲ一、大イニ呼ブ二其ノ名ヲ一。見テレ父ヲ而倒レ、号泣シテE言フレ之ヲ。

（唐臨《とうりん》『冥報記《めいほうき》』による）

（注）1　隋開皇――隋王朝の開皇年間（五八一〜六〇〇）。
2　冀州――今の河北省・河南省北部の地域。
3　外邑――地方の町・村。城外の村。
4　役――義務としての労働、賦役。
5　桑田――桑畑。
6　道右――道の西側。南を向くと右が西に当たるため。
7　度レ闞――城郭の門の敷居をこえる。
8　熱灰砕火――熱い灰と細かな火でおおわれていること。
9　呼叫――大声で叫ぶ。

問1 波線部(ア)「不レ須也」・(イ)「見レ児不」の読み方として最も適当なものを、次の各群の①～⑤のうちから、それぞれ一つずつ選べ。解答番号は [1]・[2]。

(ア)「不レ須也」 [1]

① すべからくせざるなりと
② すべからくすべからざるなりと
③ もちひざるなりと
④ いらざるなりと
⑤ まさにすべからざるなりと

(イ)「見レ児不」 [2]

① こをみるにならずかと
② こをみざるかと
③ こにあらわれざるかと
④ こをみるやいなやと
⑤ こをみるにみざるかと

問2 傍線部A「父令児出応之」の返り点と書き下し文との組合せとして最も適当なものを、次の①～⑤のうちから一つ選べ。解答番号は [3]。

① 父令レ児出応レ之　父児に令し出でしめて之に応ず
② 父令二児出応一レ之　父児をして出でて之に応ぜしむ
③ 父令二児出一応レ之　父児をして出でしめて之に応ず
④ 父令二児出応一レ之　父児に出でて之に応ぜしむ
⑤ 父令二児出一応レ之　父児の出づるを令し之に応ぜしむ

問3　傍線部B「未レ往、則開、既至、便闔」とはどのような状況を表しているか、その説明として最も適当なものを、次の①～⑤のうちから一つ選べ。解答番号は 4 。

① 子どもがまだ門に着いていないうちは門が開いたままであり、到着して外に出るとすぐに門はうしろで閉じてしまったということ。

② 子どもがまだ家にたどり着かないうちは門が開いていたが、帰り着いた途端すぐに門が閉まって家には入れなくなったということ。

③ 子どもがまだお城にたどり着いていなければそのときは門が開いているが、到着するとすぐに門は閉じてしまい入れないということ。

④ 子どもがまだ門にたどり着いていなければそのときは門が開いているが、到着するとすぐに門は閉じてしまい出られないということ。

⑤ 子どもがまだお城に着いていないうちは門は閉まっているが、到着して開けて中に入るとそのまま門は開いたままであるということ。

問4　傍線部**C**「如レ此」が示す具体的な内容として最も適当なものを、次の①～⑤のうちから一つ選べ。解答番号は 5 。

① 子どもがお城の中で、鶏のような声を出しながら、あちらこちら鶏のように逃げまわって出られないでいるということ。
② 子どもが耕田の中で、鶏のような声を出しながら、あちらこちら鶏のように走りまわって遊んでいるということ。
③ 子どもが熱い灰と細かな火でおおわれた地面の上を、鶏のような声に追い立てられながら、あちらこちら鶏のように逃げまわっているということ。
④ 子どもが熱い灰と細かな火でおおわれた地面の上を、あちらこちら鶏のまねをしながら走りまわって遊んでいるということ。
⑤ 子どもが城郭の中で、鶏のような声に追い立てられながら、あちらこちら鶏のように走りまわって遊んでいるということ。

問5　傍線部**D**「在二村南一走戯、喚不二肯来一」の現代語訳として最も適当なものを、次の①～⑤のうちから一つ選べ。解答番号は 6 。

① 子どもは村の南にいて走り遊びまわっていたが、呼ぶと喜んでやって来ようとしていた。
② 子どもは村の南にいて走り遊びまわっていたので、呼んで来させたりなどしなかった。
③ 子どもは村の南にいて走り遊びまわっていて、呼んだけれども来ようとはしなかった。

④ 子どもは村の南にいて走り遊びまわっていたが、呼ぶとこちらに走って来ようとした。
⑤ 子どもは村の南にいて走り遊びまわっていて、呼ばなくても自分からこちらに来ようとした。

問6 傍線部E「言レ之」とはどのようなことを言ったのか。その内容として適当なものを、次の①～⑤のうちから二つ選べ。ただし、解答の順序は問わない。解答番号は 7 ・ 8 。

① 役人に連れて行かれて見たことのない城門の中に入ると、門が閉まって出られなくなったこと。
② 村の南にある桑畑の中で走りまわって遊んでいるうちに、村の門が閉まって帰れなくなったこと。
③ 耕田の中で、鶏のような声を出しながら、あちらこちら鶏のように走りまわって遊んでいたこと。
④ 地面が熱く足が焼けてしまい逃げ出そうとしたが、城門が閉じてしまい出られなかったこと。
⑤ 桑畑の中で見つけた鶏を追いかけて遊んでいるうちに、家に帰るのを忘れてしまっていたこと。

問7 本文の内容から導き出される教訓として、最も適当なものを、次の①～⑤のうちから一つ選べ。解答番号は 9 。

① たとえ役人であっても理由もわからずに言われるままに従っていると、ひどい仕打ちを受けるという教訓。
② 親の手伝いもせずに遊んでばかりいると、天の使者からひどい罰を受けることになってしまうという教訓。
③ いのちある卵を盗み、焼いて食べるような悪行には、必ず自分に同じような報いが返ってくるという教訓。
④ 知らない人を信用してついて行くと、城門に閉じ込められてひどい罰を与えられてしまうという教訓。
⑤ いつも親孝行につとめていると、知らない者にひどい目にあわされても、きっと親が助けてくれるという教訓。

第3問　『後漢書』

次の文章を読んで、後の問い（問1〜6）に答えよ。なお、設問の都合で返り点・送り仮名を省いたところがある。（配点　45）

江《かう》革《かく》字ハ次翁、斉国臨《りん》（注1）淄《し》ノ人也。(ア)少失ヒレ父ヲ、独リ与レ母
居ス。遭フ二天下乱レ、盗賊並ビ起コルニ一。革負ヒテレ母ヲ逃レレ難ヲ、備《つぶさ》ニ経二阻《そ》（注2）険《けん》ヲ一、
常ニ採（注3）拾シテ以テ為スレ養ヲ。(イ)数遇ヒレ賊ニ、或イハ劫《おびやか》シテ欲ス二将《つ》レ去ラント一。革(ウ)輒涕《てい》泣《きふ》シテ
求メレ哀ヲ、言フレ有リト二老母一。辞（注4）気愿《げん》款《くわん》ニシテ、有リ下足ル三感二-動セシムルニ人ヲ一者上。A賊以テレ
是ヲ不レ忍ビレ犯スニレ之ヲ。或イハ乃チ指スニ避クルレ兵ヲ之方ヲ一。遂ニ得タリ三倶ニ全キヲ二於難ニ一。
革転ジテ客タリ二下《か》（注5）邳《ひ》ニ一。窮貧ニシテ裸《ら》（注6）跣《せん》ナルモ、行（注7）傭シテ以テ供シレ母ニ、B便身之物、
莫不必給。

建(注8)武末年、与レ母帰《ル》二郷里《ニ》一。毎《ニ》レ至《ル》三歳(注9)時《ニ》県《ノ》当《ニキ》二案(注10)比《ス》一、革以《テ》二母《ノ》老《イタルヲ》一、不レ欲《セ》二揺動《セシムルヲ》一。(エ)自在《リテ》二轅(注11)《ながえノ》中《ニ》一輓《ひキ》レ車《ヲ》、不レ用《ヒ》二牛馬《ヲ》一。由《リテ》レ是《ニ》C郷里称《シテ》レ之《ヲ》曰《フ》二江巨孝《ト》一。太守嘗《テ》備《ヘテ》レ礼《ヲ》召《スモ》、革以《テ》二母《ノ》老《イタルヲ》一不レ応《ゼ》。及《ビテ》二母《ノ》終《フルニ》一、至性殆《ほとんド》滅《セントス》。嘗《つねニ》寝《ネ》二伏《シテ》冢(注12)《ちよう》廬《ろニ》一、服竟《をはルモ》、不レ忍《ビ》レ除《クニ》。D郡(注13)守遣《ハシテ》二丞(注14)《じよう》掾《えんヲ》一釈《とカシム》レ服《ヲ》。因《リテ》請《ヒテ》以《テ》為《ス》レ吏《ト》。

（范曄《はんよう》『後漢書《ごかんじよ》』江革伝による）

（注）
1　臨淄——地名。山東省淄博市の東。
2　阻険——険しく困難な土地。
3　採拾——薪を取り木の実を拾う。貧しい生活をすること。
4　辞気愿款——言葉遣いが慎み深く真心がある。
5　下邳——地名。江蘇省睢寧の西北。
6　裸跣——裸に素足同然の身なりである。
7　行傭——雇われ仕事をする。
8　建武末年——後漢の建武年間（二五～五五）の末年。
9　歳時——毎年定められた時期。
10　案比——戸口調査する。毎年八月に本人の顔を確認していた。
11　轅——車から差し出た二本の棒。その先端に横木を付けて牛馬につなぐ。
12　冢廬——服喪の期間過ごす墓の側の粗末な小屋。
13　郡守——郡の太守（長官）のこと。
14　丞掾——郡の太守の副官と属官。

問1 波線部(ア)「少」・(イ)「数」・(ウ)「輒」・(エ)「自」のここでの読み方の組合せとして最も適当なものを、次の①～⑤のうちから一つ選べ。解答番号は **1** 。

① (ア) すくなくして (イ) たまたま (ウ) すなはち (エ) おのづから
② (ア) わかくして (イ) しきりに (ウ) たやすく (エ) みづから
③ (ア) しばらくして (イ) しばしば (ウ) たちまち (エ) おのづから
④ (ア) わかくして (イ) しばしば (ウ) すなはち (エ) みづから
⑤ (ア) すくなくして (イ) たまたま (ウ) たやすく (エ) みづから

問2 傍線部**A**「賊 以レ是 不レ忍レ犯レ之」とあるが、「賊」が「不レ忍」と考えたのはなぜか。その理由として最も適当なものを、次の①～⑤のうちから一つ選べ。解答番号は **2** 。

① 江革の言葉遣いは慎み深く真心があり、人を感動させるのに十分なものであったから。
② 江革は父親を亡くし、母親と木の実を拾って食料とするぐらいに困窮していたから。
③ 江革は何度も盗賊に出会い通じあっていたので、賊兵を避ける道を知っていたから。
④ 江革は裸に素足同然の恰好で雇われ仕事をして母を養うぐらいに困窮していたから。
⑤ 江革の泣く姿があまりに情けなく弱々しく憐れで、なにも奪うものがなかったから。

問３　傍線部Ｂ「便身之物、莫不必給」について、(i)返り点の付け方と書き下し文の組合せ・(ii)その解釈として最も適当なものを、次の各群の①～⑤のうちから、それぞれ一つずつ選べ。解答番号は **3** ・ **4** 。

(i)　返り点の付け方と書き下し文　**3**

①　便身之物、莫不㆓必給㆒　　便身の物あれば、莫《な》くとも必ず給せざらんや
②　便身之物、莫不㆓必給㆒　　便身の物、莫きものは必ずしも給せず
③　便身之物、莫㆑不㆓必給㆒　　便身の物、必ず給せざるもの莫からんや
④　便身之物、莫㆑不㆓必給㆒　　便身の物、必ず給せざるは莫し
⑤　便身之物、莫㆓不㆑必給㆒　　便身の物、必せざるもの給すること莫し

(ii)　解釈　**4**

①　母の身のまわりの必要なものがあれば、なくなっても必ず与えていた。
②　母の身のまわりの必要なものでも、決して与えないものがあった。
③　母の身のまわりの必要なものは、入り用でないものは与えなかった。
④　母の身のまわりの必要なもので、ないものを与えるとは限らなかった。
⑤　母の身のまわりの必要なものは、何でも必ず与えるようにした。

問4 傍線部C「郷里称レ之曰二江巨孝一」について、次の(i)・(ii)の問いに答えよ。

(i) 「称」の本文中における意味に最も近い熟語を、次の①～⑤のうちから一つ選べ。解答番号は 5 。

① 称号
② 尊称
③ 詐称
④ 称賛
⑤ 対称

(ii) 「江巨孝」とあるが、ここではどのような意味だと考えられるか。次の①～⑤のうちから一つ選べ。解答番号は 6 。

① 江革は、牛馬のような怪力で、巨漢の人物であるという意味。
② 年老いた母を養う、大変すぐれた親孝行者の江革という意味。
③ 長江で一番優れた人物で、大きな忠義心がある江革という意味。
④ 江革は、牛馬の代わりに車を引くしか能がない愚鈍な人物という意味。
⑤ 盗賊と戦わずに、言いなりになって車を引いている小心者という意味。

問５　傍線部**Ｄ**「郡守遣㆓丞掾㆒釈㆑服」とあるが、「郡守」はどうして服喪をやめさせたのか。そのように判断した理由を、次の①～⑤のうちから一つ選べ。解答番号は 7 。

① 郡の長官は、江革に対して以前礼を尽くして招いたことがあったが、そのときに役人として取り立てると約束していたのを思い出したから。

② 郡の長官は、郷里の人々から訴えがあったので、副官と属官を派遣して墓の側の小屋を撤去し邪魔にならないようにしようとしたから。

③ 郡の長官は、盗賊たちと通じている江革から盗賊たちの情報を得るために、副官と属官を派遣して自分の部下としようと考えたから。

④ 郡の長官は、江革が郷里の人々の評判から牛馬のような怪力の持ち主であり、臣下としての忠誠心を持つ優れた人物だと考えたから。

⑤ 郡の長官は、親孝行者である江革が母の死後に立ち直れずに死にそうになっているのを惜しみ、助けて役人に任命しようと考えたから。

問6　本文の内容と**合致しないもの**を、次の①～⑥のうちから**二つ**選べ。ただし、解答の順序は問わない。解答番号は［8］・［9］。

①　江革は、父親を亡くして母と二人で暮らしていたが、天下が乱れ盗賊が出没したために、薪を拾い木の実をとりながら危難から逃れていた。

②　江革は盗賊に出会うたびに、いつも涙を流して泣いて哀れみを乞い、年老いた母がいるから見逃してくれと言っていた。

③　江革は、言葉遣いが慎み深く真心があり、人の心を動かすことのできる誠実さがあり、母を大切に養った親孝行な人物であった。

④　江革は、あまりにも貧乏で裸に素足同然の身なりであったために、雇われ仕事さえもらえずに母を養うことができなくなってしまった。

⑤　故郷の人々は、毎年の戸口調査の時に母親を車に乗せて牛馬に代わって揺らさないように引いている江革を江巨孝と呼んでいた。

⑥　郡の長官が礼を尽くして仕官させようとしたので、江革は年老いた母を養うためにしかたなく官吏となって忠誠を尽くした。

（下書き用紙）

第4問　『旧唐書』

解答・解説22ページ

次の文章を読んで、後の問い（**問1〜6**）に答えよ。なお、設問の都合で送り仮名を省いたところがある。（配点　45）

崔《さい》(注1)玄《ぐゑん》暐《い》ハ、博(注2)陵ノ安平ノ人也。少クシテ有リ二学行一。深ク為ル三叔父ノ秘(注3)書監行《かう》功《こう》ノ所ト二器(注4)重スル一。龍(注5)朔中、挙ゲラレ二明(注6)経ニ一、累ネテ補セラル二庫部員外郎ニ一。其ノ母盧《ろ》氏嘗テ誡《いまし》メテレ之ヲ曰ハク、「吾見ユ二姨《い》(注7)兄《けい》ノ(注8)屯田郎中辛《しん》玄《ぐゑん》馭《ぎよ》ニ一。云ハク、『児(注9)子従フレ(注10)宦ニ者ニ、A有リテ二人ノ来ル一云ハバ二貧乏ニシテ不トレ能ハレ存スル、此レハ是レ好キ消(注11)息ナリ。若シ聞カバ二貲《し》(注12)貨《か》充足シ、衣(注13)馬軽肥ナリト一、此レハ悪シキ消息ナリト。』B吾常重二此言一、以為二確論一。比《このごろ》見ルニ、親(注14)表中ノ仕宦スル者、多ク将《もつ》テ二銭(注15)物ヲ一上《たてまつ》ルニ二其ノ父母ニ一、父母但ダ知ルノミニシテ二喜悦スルコトヲ一、竟ニ不レ問ハ二

此ノ物従リレ何レ而来ルカヲ一。必ズ是レ禄俸ノ余資ナラバ、誠ニ亦タ善事ナラン。C如其
非レ理所レ得、此与二盗賊一何別。(ア)縦無クトモ二大ヒナル咎一、独リ不ランヤレ内《い》レ二愧《はぢ》ヲ
於心ニ一。D孟(注16)母不ルハレ受ケ二魚(注17)鮓《さ》之饋《き》ヲ一、(イ)蓋為レ此レガ也。汝今坐シテ食《は》ミ二
禄俸ヲ一、栄幸已ニ多シ。若シ其レ不レバレ能ハ二忠清ナル一、何ヲ以テカ戴《いただ》キ(注18)レ天ヲ履《ふ》マンレ地ヲ。
特ダ宜シク二キノミ修メレ身ヲ潔クスレ己ヲ。勿カレレ累《わずら》ハス二吾ガ此ノ意ヲ一也。」玄暐遵二‐奉シE母氏ノ
教誡ヲ一、以テ二清謹ヲ一見ルレ称セ。

（『旧唐書《くとうじょ》』崔玄暐伝による）

（注）
1　崔玄暐──人名。
2　博陵安平──地名。
3　秘書監行功──行功は人名、秘書監は官名。
4　器重──才能を認めて重んじる。
5　龍朔中──唐代の龍朔年間（六六一～六六三）。
6　明経──科挙試験の科目。
7　姨兄──母方の従兄。おばの子。「姨」は母の姉妹のこと。
8　屯田郎中辛玄馭──辛玄馭は人名、屯田郎中は官名。
9　児子──むすこ・子ども。
10　従レ宦──官吏となる。「宦」は「官」と同じ。
11　消息──たより・音信。
12　貲貨──財貨。
13　衣馬軽肥──衣は軽く上等で馬は肥えている。
14　親表──父方と母方の親族。
15　銭物──金銭と物品。
16　孟母──孟子の母。
17　魚鮓之饋──塩と米などに漬け込んだ魚の贈り物。
18　戴レ天履レ地──天地の間で生きる。この世を生きる。

問1　波線部(ア)「縦」・(イ)「蓋」のここでの読み方として最も適当なものを、次の各群の①～⑤のうちから、それぞれ一つずつ選べ。解答番号は 1 ・ 2 。

(ア)「縦」 1

① たて
② ほしいままに
③ ゆるして
④ つひに
⑤ たとひ

(イ)「蓋」 2

① なんぞ
② いやしくも
③ けだし
④ まさに
⑤ すなはち

問2　傍線部**A**「有㆓人来㆒云㆓貧乏不㆑能㆑存、此是好消息。若聞㆓貲貨充足、衣馬軽肥㆒、此悪消息」とあるが、「好」と「悪」とはそれぞれどのようなことをいうのか、その説明として最も適当なものを、次の①～⑤のうちから一つ選べ。解答番号は **3** 。

① 我が子が官吏となると、子どもが薄給で貧乏生活をしているとうわさされることを「好」といい、高給取りで贅沢な暮らしをしているとねたまれてうわさされることを「悪」といっている。

② 我が子が官吏となると、他人から家族は貧乏しなくてもよくなったねと喜んでもらえるのを「好」といい、贅沢な暮らしができるとうわさされ財貨をねらわれることを「悪」といっている。

③ 我が子が官吏になると、清貧な生活のために健康でいられるといわれるのを「好」といい、財貨が充分に手に入り馬が肥えるような不摂生な生活だといわれるのを「悪」といっている。

④ 官吏としての正当な俸禄で清貧な生活をすることを「好」といい、道理にあわない間違ったことをして手に入れたもので裕福な暮らしや贅沢な生活をすることを「悪」といっている。

⑤ 官吏としての正当な俸禄さえももらえず貧乏な生活をしていることを「好」といい、上司に気に入られて正当な俸禄以上のものをもらい贅沢に暮らしていることを「悪」といっている。

問3 傍線部**B**「吾常重㆓此言㆒、以為㆓確論㆒」の解釈として最も適当なものを、次の①～⑤のうちから一つ選べ。解答番号は **4** 。

① 私はいつもこの言葉を重ねてゆくことによって、もっと確かな論を作りたいのである。

② 私はいつもこの言葉を重んじていて、まことに間違いのない意見であると思っている。

③ 私はいつもこの言葉が重んじていることは、もてあました理想論であると考えている。

④ 私はいつもこの言葉で重んじられているものが、きっと個別の理論となると思っている。

⑤ 私はいつもこの言葉に重ねられるものがあり、そのため確固たる意見になると考えている。

問4　傍線部C「如其非レ理所レ得、此与二盗賊一何別」について、(i)書き下し文・(ii)その解釈として最も適当なものを、次の各群の①〜⑤のうちから、それぞれ一つずつ選べ。解答番号は 5 ・ 6 。

(i)　書き下し文　5

① 如《も》し其の理に非ざれば得る所となり、此れを盗賊と与にして何ぞ別たるる
② 如し其の理に非ざれば得る所は、此れと盗賊と与にするも何ぞ別たるる
③ 如し其の理に非ずして得る所は、此れ盗賊に与《くみ》すれば何ぞ別たん
④ 如し其れ理に非ずして得る所ならば、此れ盗賊と何ぞ別たん
⑤ 如し其れ理に非ずして得る所なるも、此れ盗賊に与《あづか》らば何ぞ別たん

(ii)　解釈　6

① もし道理にあわない間違ったことをして手に入れた品物であっても、盗賊に関与していなければ分けることができる。
② もし道理にあわない間違ったことをして手に入れた品物であるならば、これは盗賊とどうして区別できようか。
③ もし道理にあわない間違ったことをしたならば、捕らえられてその身は盗賊と同じになり区別できなくなる。
④ もし道理にあわない間違ったことをしたならば、手に入れた品物は盗賊とどうやって分ければよいのか。
⑤ もし道理にあわない間違ったことをして手に入れた品物ならば、盗賊に力をかしたものとどうして区別できようか。

問5 次に掲げるのは、傍線部**D**「孟母不㆑受㆓魚鮓之饋㆒」について、教師と二人の生徒が交わした会話の様子である。これを読んで後の(i)・(ii)の問いに答えよ。

教　師　このたとえはどのような意味なのでしょうか。

生徒A　孟母って孟子のお母さんのことですよね。

教　師　そうですね。「孟母三遷」「孟母断機」という言葉を知っているでしょう。

生徒B　知っています。孟子のお母さんは教育熱心で、厳しい人だったイメージですね。

教　師　では、孟子のお母さんが「漬け込んだ魚の贈り物」を受け取らなかったのはどうしてでしょうか。

生徒A　贈り物っていろいろな意味がありますよね。きっと「漬け込んだ魚」は高価な物だったのでしょうね。でも嫌いなものを贈られても困ってしまうな。

生徒B　嫌いなものを贈られたからではないよ。崔玄暐のお母さんは、このあと「蓋為㆑此也」といっているので、受け取らなかった理由は「このためです」の内容を考えればよいですよね。

教　師　その通りですね。崔玄暐のお母さんは、孟母が「漬け込んだ魚の贈り物」を受け取らなかった話から、崔玄暐に官吏としてのあるべき姿を教えようとしているのです。

生徒B　つまり、「魚」をどうやって手に入れて贈り物としたのか、［X］なやり方で得たものかがわからなかったので受け取らなかったとお母さんは考えたのですね。

生徒A　そうだね。贈り物がどのようにして手に入れたものかわからないよね。［Y］

生徒B　お母さんは、官吏として俸禄をもらって栄達と幸運を得たのだから、忠誠を尽くし［X］にこの世を生きていくことを崔玄暐に求めていたのだと思います。

教　師　孟母の故事を踏まえると、崔玄暐のお母さんの価値観が深く理解できますね。

(i)　空欄 **X** (二箇所ある)に入る最も適当なものを、次の ①～⑤ のうちから一つ選べ。解答番号は 7 。

① 精励刻苦　② 悠悠自適　③ 清濁併呑　④ 唯唯諾諾　⑤ 清廉潔白

(ii)　空欄 **Y** に入る最も適当なものを、次の ①～⑤ のうちから一つ選べ。解答番号は 8 。

① 道理にあわないことでとがめられても、何も恥ずかしく思うことはないけどね。
② 道理にあわないものを贈られたとしても、受け取ってしまえばこちらは関係ないけどね。
③ 道理にあわないことで得たものなら、心中で恥ずかしいことだと思わないといけないね。
④ 道理にあわないことで得たものだからとしても、何も恥を感じることはないけどね。
⑤ 道理にあわないことで得たわけではないのだから、堂々としていればよいけどね。

問6　傍線部E「母氏教誡」とあるが、その内容として正しいものを、次の ①～⑤ のうちから**二つ**選べ。ただし、解答の順序は問わない。解答番号は 9 ・ 10 。

① 官吏として正当な俸禄によって、清貧な生活を送って父母へ贈り物をするならばよいことである。
② 俸禄とは別に自分の裁量で金銭を得て、贅沢な生活をして父母へ贈り物をするのはよいことである。
③ 皇帝にお仕えして忠誠を尽くし、人民を苦しめる盗賊を取り締まってゆくのがよいことである。
④ 官吏となった者の父母は、子どもから贈られた物をむやみに喜んで受け取ってはいけないということ。
⑤ 官吏として、わが身を修め自己のおこないを正しくするように生きていくのがよいということ。

第5問　「黄鶴楼」『箋註唐詩選』

解答・解説30ページ

次の【詩】は、盛唐の詩人崔顥《さいこう》の「黄鶴楼《こうかくろう》」である。【文章】は、黄鶴楼の伝説を紹介する江戸時代の戸崎淡園《とさきたんえん》の注釈である。【詩】と【文章】を読んで、後の問い（問1〜6）に答えよ。なお、設問の都合で返り点・送り仮名を省いたところがある。（配点　45）

【詩】

黄鶴楼（注1）　崔《さい》顥《かう》

昔人已ニ乗リテ㆓白雲㆒ニ去リ　此ノ地空シク余ス黄鶴楼

黄鶴一タビ去リテ不㆓復タ返㆒ラ　白雲千載空シク悠　X

晴川（注2）歴歴（注3）タリ漢陽（注4）ノ樹　芳草（注5）萋《せい》萋《せい》（注6）タリ鸚《あう》鵡《む》（注7）洲

A　日暮郷関（注8）何処是　煙波（注9）江上使㆓ム人ヲシテ愁㆒ヘ

（李攀竜《りはんりよう》『唐詩選《とうしせん》』による）

（注）1　黄鶴楼――楼の名。湖北省武漢市武昌区の黄鶴山上にあった。

2　晴川――晴れ渡って遠くまで見渡せる川。

3　歴歴――一つ一つがはっきり明らかなさま。

4　漢陽――長江をへだてて武昌の西岸にある町。
5　芳草――花をつけた草。春草。
6　萋萋――草が勢いよく茂るさま。
7　鸚鵡洲――武昌の西南近くの長江にあった中州の名。
8　郷関――故郷。郷里。
9　煙波――川面に立ちこめるもや。

【文章】

江夏郡ノ辛氏者《は》、沽《う》ルヲレ酒ヲ為レスト業。一先生来タリ、魁《くわい》(注1)偉《ゐ》襤《らむ》(注2)褸《る》ニシテ、従容トシテ謂ヒテ二辛氏ニ一曰ハク、「B許スヤ二飲酒ヲ一否ヤト。」辛氏ハC不二敢ヘテ辞セ一。飲マシムルニ以テス二巨杯ヲ一。如クスルコトレ此クノ半歳、辛氏少シモ無シ二倦《くゑん》(注3)色《しよく》一。一日先生謂ヒテ二辛氏ニ一曰ハク、「多ク(1)負フモ二酒(注4)債ヲ一、無シレ可キレ酬《むく》ユレ汝ニ。」遂ニ取リテ二小(注5)籃《らん》ノ橘《きつ》皮ヲ一画ク二鶴ヲ於壁ニ一。乃チ為リテ二黄色ト一、而坐スル者拍チテレ手ヲ歌ヘバレ之ニ、黄鶴蹁《へん》(注6)躚《せん》トシテ而舞ヒ合シレ律ニ応ズレ節ニ。衆人費ヤシテレ銭ヲ観ルレ之ヲ。十年許リニシテ而辛氏ハD累ヌ二巨万ヲ一。後先生飄《へう》(注7)然《ぜん》トシテ至ル。辛氏(2)謝シテ曰ハク、「願ハクハ為ニ二先生ノ一供給スルコト如《クセント》レ意《ノ》。」先生笑《ヒテ》曰《ハク》、E「吾豈《ニ》為《ナラン ヤト》レ此《ガ》。」忽《チ》取《リテ》レ笛《ヲ》吹《クコト》数弄《ろう》(注8)。須臾《ニシテ》白雲自《リ》レ空下《リ》、画鶴飛二来《ス》先生《ノ》前《ニ》一。遂《ニ》跨《またガリ》レ鶴《ニ》乗《リテ》レ雲《ニ》而去《ル》。於《イテ》レ此《ニ》辛氏建《テ》レ楼《ヲ》、名《ヅケテ》曰《フ》二黄鶴《ト》一。

（戸崎淡園『箋註《せんちゅう》唐《とう》詩《し》選《せん》』による）

（注）
1 魁偉——体が大きくて立派。
2 襤褸——ぼろぼろの衣服。
3 倦色——あきていやな顔つき。
4 酒債——酒の借金。
5 小籃橘皮——小さなかごの中の蜜柑の皮。
6 蹁躚——軽やかにひらひらと舞うさま。
7 飄然——ふらりと来るさま。
8 弄——かなでる。楽器を鳴らすこと。またその楽曲。

問1　傍線部(1)「負」・(2)「謝」と同じ意味で用いられている語として最も適当なものを、次の各群の①～⑤のうちから、それぞれ一つずつ選べ。解答番号は 1 ・ 2 。

(1)「負」 1
① 負傷
② 勝負
③ 自負
④ 負債
⑤ 負極

(2)「謝」 2
① 陳謝
② 謝絶
③ 代謝
④ 謝罪
⑤ 感謝

問2　空欄 **X** を補うのに最も適当なものを、次の①～⑤のうちから一つ選べ。解答番号は 3 。

① 遠　② 容　③ 然　④ 長　⑤ 悠

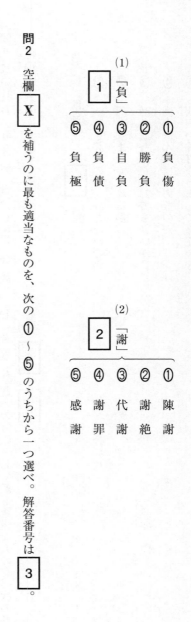

問3　傍線部**A**「日暮郷関何処是」の書き下し文とその解釈との組合せとして最も適当なものを、次の①～⑤のうちから一つ選べ。解答番号は［4］。

①　日も郷関に暮るるも何ぞ是《ここ》に処《を》る　　日も故郷に暮れてしまったのに、どうして私はここにいるのか

②　日に郷関に暮らすも何《いづ》くんぞ是《ここ》に処《を》る　　一日中故郷に暮らしていたが、どうして私はここにいるのか

③　日暮郷関何《いづ》れの処《ところ》か是《これ》なる　　日暮れどき、わが故郷はどのあたりだろうか

④　日暮郷関何《いづ》くにか処《を》る是《これ》や　　日暮れどきの故郷どこにいるのか、私は

⑤　日暮の郷関何《いづ》れに処《を》りても是《ぜ》とす　　日暮れどきのわが故郷は、どこにあっても正しいと思う

問4　傍線部**B**「許㆓飲酒㆒否」、**C**「不㆓敢辞㆒」、**E**「吾豈為㆑此」の解釈として最も適当なものを、次の各群の①～⑤のうちから、それぞれ一つずつ選べ。解答番号は［5］～［7］。

B「許㆓飲酒㆒否」［5］

①　飲酒を許すのか、許さないのか。

②　酒を飲ませてくれるか。

③　酒を飲むのを許してもよいか。

④　酒を飲んではだめなのか。

⑤　飲酒の許可など出していないぞ。

C 「不二敢辞一」 6

① 無理にやめたりしなかった。
② 強いてとめるとは限らなかった。
③ 決してやめるわけではなかった。
④ 断るつもりではいた。
⑤ 断ろうともしなかった。

E 「吾豈為レ此」 7

① 私はそんなお礼のためにしたのではない。
② 私はどうしてお礼のためにしたのだろうか。
③ 私はなんとお礼のためにしたことなのだよ。
④ 私がどうしてお礼をしなければならないのか。
⑤ 私はどうしてもお礼をしたかったのだよ。

問5 傍線部**D**「累二巨万一」とあるが、このようなことができたのはどうしてか。その理由として最も適当なものを、次の①～⑤のうちから一つ選べ。解答番号は **8** 。

① 十年間で、店を大きくしてあちこちに何軒も支店を持つことができたから。

② 黄鶴と仙人が白雲に乗って酒を飲みに来るといううわさが広がったから。

③ 多くのお客が毎日店に来て、老人が作った酒をたくさん買って飲んだから。

④ 多くの人が、お金を出して壁に描かれた黄鶴の舞いを見に来たから。

⑤ 多くの人が壁に蜜柑の皮で鶴の絵を描き、その絵を見に来るお客が増えたから。

問6　二重傍線部「乗二白雲一去」は、別の伝本（版本）では「乗二黄鶴一去」となっている。「白雲」と「黄鶴」とではどのような違いがあるか。その説明として最も適当なものを、次の①～⑤のうちから**二つ**選べ。ただし、解答の順序は問わない。解答番号は **9** ・ **10** 。

① 「白雲」とすると、黄鶴楼の伝説どおりに仙人である老人が鶴にまたがって白雲に乗って飛び去ったという事実が語られることになり、さらに「白」の色は「潔白」をあらわし、この伝説が本当にあった話であることを暗示している。

② 「黄鶴」とすると、黄鶴楼の伝説どおりに蜜柑の皮で描いた鶴であることが強調されることになり、さらに「黄」の色は仙人が着る衣の色であることから、神仙世界と現実世界が表裏一体であることをあらわすことになる。

③ 「白雲」とすると、第一句と第四句、第二句と第三句とが対応関係をつくり、第一句と第三句で昔の「白雲」と「黄鶴」、第二句と第四句で現在も残る「黄鶴楼」と「白雲」を詠《うた》うという技巧が用いられている。

④ 「黄鶴」とすると、前半三句で「黄鶴」を三度繰り返すことでリズムが生まれ、伝説世界に引き込まれる。これに対して第四句の「白雲」が今の現実世界に引き戻す。「白雲」がゆったりと浮かび、さらに「漢陽樹」「鸚鵡洲」が現れるという流れが作られている。

⑤ 「白雲」でも「黄鶴」でも大きな違いはなく、仙人である老人が飛び去った後には黄鶴楼が今も残り、さらには白雲も残っているという現実感が表現されている。それが最後の句の望郷の念に襲われている今の自分へとつながっている。

第6問　『顔氏家訓』『老子』

解答・解説36ページ

次の文章を読んで、後の問い（問1〜7）に答えよ。なお、設問の都合で返り点・送り仮名を省いたところがある。（配点　45）

梁(注1)朝全盛之時、貴(注2)遊子弟、多無学術。至於諺云、A「上車不落、則著(注3)作。体(注4)中何如、則秘(注5)書。」無不熏《くん》衣剃《てい》面、傅《つ》粉施朱。B従容出入、望若神仙。明(注6)経求第、則顧《やと》人答策、三(注7)九公讌《えん》、則仮手賦詩。当爾《そ》之《の》時、亦快士也。

及離(注8)乱之後、朝(注9)市遷革、銓《せん》(注10)衡《こう》選挙、非復曩《さ》(注11)者《き》之親。当(注12)路秉《と》権、不見昔時之党。(ア)求諸身而無所

得ル、施スモ二之ヲ世ニ一而無シレ所レ用。被《き》レドモレ褐《かつ》ヲ(注13)而喪ヒレ珠《たま》ヲ、失ヒテレ皮ヲ(注14)而露《あら》ハスレ質《からだ》ヲ。鹿《ろく》二‐独《どく》シ(注15)戎馬之間ニ一、転二‐死ス溝(注16)壑《がく》之際ニ一。当リテハ二爾之時ニ一、誠ニ駑《ど》材《ざい》也。

有ル二学芸一者ハ、触レテレ地ニ而安ンズ。自リ二荒乱一已来、諸見ル二俘《ふ》(注17)虜《りよ》一ヲ。(イ)雖モ二百世ノ小人一ト、知ルレ読ムヲ二論語・孝経一ヲ者ハ、尚ホ為ル二人ノ師一ト。雖モ二千載ノ冠《かん》(注18)冕《べん》一ト、C不暁書記者、莫不耕田養馬。以テレ此ヲ観レルニ之ヲ、D安可不自勉耶。若シ能ク常ニ保タバ二数百巻ノ書ヲ一、千載終ニ不レル為ラ二小人一ト也。

（顔《がん》之推《しすい》『顔《がん》氏《し》家訓《かくん》』による）

（注）
1 梁朝――六朝時代の王朝のひとつ。五〇二年蕭衍《しょうえん》（武帝）が斉を滅ぼし建国し、内政を整えて南朝文化の隆盛期を迎えた。五五七年陳に滅ぼされた。
2 貴遊子弟――王公貴族の未官の子弟。
3 著作――官名、著作佐郎。歴史編纂《へんさん》官。
4 体中何如――ご機嫌いかがですか、の意。六朝時代の手紙の平凡な決まり文句。
5 秘書――官名、秘書郎。宮中の文書や記録を司る官。著作佐郎とともに、貴族の子弟が初めて任官する官名。将来が約束される官であった。
6 明経――経書を科目とする試験。梁の武帝は試験による任官を認め、後世の科挙の先駆をなした。
7 三九公讌――三公九卿（元老・大臣）の公式の宴会。
8 離乱――侯景の乱（五四八）のこと。反乱後、長い間大混乱の時代が続いた。「荒乱」も同じ。
9 朝市遷革――朝廷や世の中がすっかり変わる。
10 銓衡選挙――官吏の推挙、選考。
11 曩者之親――昔の情実関係や縁故。
12 当路――政治の要職、重要な地位にいる、要路にいること。
13 褐――下賤な者が着る衣。
14 失レ皮而露レ質――かぶっていた虎の皮を失って、本性である羊の体があらわになる。『法言』による。
15 鹿独――さまよう。うろうろする。
16 溝壑之際――溝やどぶのなか。
17 俘虜――捕虜。
18 冠冕――名家。高位高官。

問1　傍線部(ア)「求㆓諸身㆒」、(イ)「雖㆓百世小人㆒」のここでの意味として最も適当なものを、次の各群の①～⑤のうちから、それぞれ一つずつ選べ。解答番号は［1］・［2］。

(ア)「求㆓諸身㆒」［1］

① 以前の縁故関係にある者を親類に求めても
② 要路にいて権力を握っている者を身内に求めても
③ 世話をしてくれる者を昔の仲間に求めても
④ 個人としての実力を我が身に求めても
⑤ 何世代もの高位高官の家柄を我が身に求めても

(イ)「雖㆓百世小人㆒」［2］

① 百人の貴族の子どもがいるといっても
② 後世までつまらない人物だったが
③ 代々低い身分の者であっても
④ 代々人格的に低い人が多いので
⑤ 代々身分の低い庶民だったけれども

問2 傍線部**A**「上レ車不レ落、則著作。体中何如、則秘書」の解釈として最も適当なものを、次の①～⑤のうちから一つ選べ。解答番号は **3** 。

① 車に乗って落ちなかったけれども、著作佐郎になれた。手紙に「ご機嫌いかがですか」としか挨拶が書けなかったけれども、秘書郎になれた。

② 車に乗って落ちなければ、著作佐郎になれる。手紙に「ご機嫌いかがですか」と挨拶が書けるならば、秘書郎になれる。

③ 車に乗っても落とされないのは、著作佐郎だから。手紙に「ご機嫌いかがですか」と挨拶が書かれているのは、秘書郎だから。

④ 車に登っても落ちないのだから、きっと著作佐郎である。手紙に「ご機嫌いかがですか」と挨拶が書いてあるのだから、きっと秘書郎である。

⑤ 車に登って落ちてしまったけれども、著作佐郎だった。手紙に「ご機嫌いかがですか」と挨拶が書けなかったけれども、秘書郎だった。

問3 傍線部**B**「従容出入、望若二神仙一」の意味をわかりやすく説明したものとして最も適当なものを、次の①～⑤のうちから一つ選べ。解答番号は **4** 。

① ゆったりと落ち着いて出入りする様子は、遠くから眺めるとまるで神仙世界の人のようである。

② 物思いにふけりながら出入りする様子は、遠くを眺める姿がまるで神仙世界の人のようである。

③ 作法どおりにつき従って出入りする様子は、望んで神仙世界に渡って行く者と同じようである。

④　あわてて急ぎながら出入りするのは、望んで神仙世界の人になろうとしているかのようである。

⑤　つき従ってひそかに出入りするのは、神仙世界の人のようになることを望んでいたからである。

問４　波線部「快士」と「駑材」とに関する説明として最も適当なものを、次の①～⑤のうちから一つ選べ。解答番号は **5** 。

①　貴族の子弟というだけで生きてゆける太平の世では、上手に世渡りする「痛快な人物」であるが、頼る者のいない混乱の世になると、他人の力を頼れず生き残ることができなく、「能無しの愚か者」であるということ。

②　貴族の子弟というだけで生きてゆける太平の世では、謀略に長けた「痛快な人物」であるが、頼る者のいない混乱の世になると、権謀術数を使えない者は生き残ることができなく、「能無しの愚か者」であるということ。

③　貴族の子弟というだけで生きてゆける太平の世では、他人の力を利用する「痛快な人物」であるが、頼る者のいない混乱の世になると、財力のない者は生き残ることができなく、「能無しの愚か者」であるということ。

④　貴族の子弟というだけで生きてゆける太平の世では、豊富な財力のある「痛快な人物」であるが、頼る者のいない混乱の世になると、悪知恵の働かない者は生き残ることができなく、「能無しの愚か者」であるということ。

⑤　貴族の子弟というだけで生きてゆける太平の世では、学識がなくとも「痛快な人物」であるが、頼る者のいない混乱の世になると、自分を助ける学問のない者は生き残ることができなく、「能無しの愚か者」であるということ。

問5　傍線部C「不暁書記者、莫不耕田養馬」の書き下し文とその解釈との組合せとして最も適当なものを、次の①～⑤のうちから一つ選べ。解答番号は 6 。

①　書記を暁《さと》らざる者は、田を耕さずに馬を養ふこと莫かれ
書籍を読みこなせない者は、田を耕さずに馬の世話をしてはいけない。

②　書記を暁《さと》らざる者は、田を耕し馬を養はざるは莫し
書籍を読みこなせない者は、田を耕し馬を世話するほかなかった。

③　書記を暁《さと》らざる者は、田を耕さざるは莫くして馬を養ふ
書籍を読みこなせない者は、田を耕すのに馬も世話している。

④　暁《あかつき》に書記せざる者は、田を耕さず馬を養うこと莫かれ
明け方に文書に書き記さない者は、田を耕さずに馬の世話をしてはいけない。

⑤　暁《あかつき》に書記せざる者は、田を耕さざるは莫くして馬を養ふ
明け方に文書に書き記さない者は、田を耕すのに馬も世話している。

問6　傍線部D「安可不自勉耶」の読み方として最も適当なものを、次の①～⑤のうちから一つ選べ。解答番号は 7 。

① いづくにかみづからつとめざるべきや
② いづくにかみづからつとめざるをかとするや
③ いづくんぞみづからつとめざるをかとするや
④ いづくんぞみづからつとめざるべきか
⑤ いづくんぞみづからつとめざるべけんや

問7 二重傍線部「被レ褐而懐レ珠」は、『老子』の言葉を踏まえている。典拠となった次の【資料】を読み、その説明として最も適当なものを、後の①～⑤のうちから一つ選べ。解答番号は 8 。

【資料】

吾ガ言ハ甚ダ易レク知リ、甚ダ易レク行ヒ、天下莫二ク能ク知ル一、莫二シ能ク行フ一。(注)言ニ有レリ宗《そう》、事ニ有レリ君《くん》。夫レ唯ダ無レシ知ルコト、是ヲ以テ不二我ヲ知ラ一。知レル我ヲ者ハ希《まれ》ナレバ、則チ我ニ者は貴《たふと》シ。是ヲ以テ聖人被《き》テレ褐《かつ》ヲ懐《いだ》クレ玉ヲ。

(『老子』第七十章)

(注) 言有レ宗、事有レ君 —— 私の言葉には中心があり、その行いには根本がある。それは根源の道である。

① 『老子』の「私の言葉はわかりやすくて行いやすいが、人々にはわからなくて行えない」を踏まえて、「貴族の子弟の言動は理解されなく、身なりは落ちぶれている」という意味。

② 『老子』の「私の言葉には中心があり、その行いには根本がある」を踏まえて、「貴族の子弟の言動には真摯さがなく、心の高貴さも失っている」という意味。

③ 『老子』の「人々は何もわからない、だから私のことがわからない」を踏まえて、「貴族の子弟はなにもわかっていない、だから心の高貴さも失っている」という意味。

④　『老子』の「私をわかる者はほとんどいないので、つまり私は貴いといえる」を踏まえて、「貴族の子弟をわかる者はいないので、落ちぶれてしまった」という意味。

⑤　『老子』の「聖人は身なりが下賤でも、心には玉を懐いている」を踏まえて、「貴族の子弟は身なりも落ちぶれ、心の高貴さも失っている」という意味。

第7問　『老学庵筆記』「哀江頭」

解答・解説44ページ

次の【文章】は陸游《りくゆう》が杜甫《とほ》の七言古詩「哀江頭《あいこうとう》」について述べたもの、【詩】は杜甫が安禄山《あんろくざん》の反乱軍に長安で軟禁されていたときに詠んだ「哀江頭」である。これらを読んで、後の問い（問1～6）に答えよ。なお、設問の都合で返り点・送り仮名を省いたところがある。（配点　45）

【文章】

老(注1)杜ノ哀江頭ニ云フ、「黄昏胡(注2)騎塵満チレ城ニ、A欲往城南忘城北。」言フココロハ方ニ惶《くわう》(注3)惑《わく》トシテ避クルレ死ヲ之際、欲シテレ往カント二城南ニ一、乃チ不ルレ能ハレ記スル三(ア)孰為ルヲ二南北一也。然レドモ荊(注4)公ノ集(注5)句ニ、両篇皆作ル「欲シテレ往カント二城南ニ一望《めざ》スト二城北ヲ一。」B或ヒト以テ為シ二舛《せん》(注6)誤《ご》セリト一、或ヒト以テ為スハ二改定セリト一、皆非也。蓋シ所ノレ伝フル本(イ)偶〻不レ同ジカラ、而シテ意ハ則チ一也。北人謂ヒテレ向ヲ曰フレ望ト。謂フココロハ欲シレ往カント二城南ニ一、乃チ向フ二城北ニ一。亦タ惶惑トシテ避ケントシレ死ヲ、不ルレ能ハレ記スル二南北ヲ一之意ナリ。

（陸游『老学庵筆記《ろうがくあんひっき》』による）

（注）１　老杜――杜甫。盛唐の代表的詩人。
２　胡騎――安禄山の騎兵。安禄山の反乱のとき、玄宗は最愛の楊貴妃《ようきひ》とともに都の長安から蜀《しょく》に逃げたがその途中で護衛の兵士に不満が高まり、馬嵬《ばかい》で楊貴妃は殺される。その後長安は安禄山の反乱軍に占拠された。
３　惶惑――恐れまどうさま。どうしてよいかわからなくなること。
４　荊公――王安石。北宋の政治家・文人。
５　集句――先人の詩句を選び集めてつなぎ合わせて一首の詩を作る手法。
６　舛誤――間違い・あやまり。錯誤。

【詩】

哀江頭　　杜甫

少(注1)陵ノ野老呑《の》ミテレ声ヲ哭ス
春日潜行ス曲(注2)江ノ曲《くま》(注3)
江(注4)頭ノ宮殿鎖《とざ》ス二千門ヲ一
細柳新蒲《ぽ》為ニカレ誰《た》ガ緑ナル
憶フ昔霓《げい》旌《せい》下リシヲ二南苑ニ一
苑中ノ万物生ズ二顔色ヲ一
昭(注5)陽殿裏第一ノ人

曲江のほとりで悲しむ　杜甫

少陵の田舎じじいの私は、声をしのんで慟哭《どうこく》する
春の日にひそかに歩く、曲江の片隅を
曲江のほとりの宮殿は多くの門をすべて閉ざしている
細い柳の枝、新芽のがまは、誰のために緑なのか、(見る人もいないのに)
思えば昔、天子の虹の御旗が南苑に下られたのを
あのとき御苑の中のすべての物は美しい色つやをまとっていたものだ
昭陽殿の中の第一のお方は

同ジクシレ輦《れん》ヲ随ヒテレ君ニ侍ス二君側ニ一
陛下と同じ車に乗り陛下のお供をしてお側《そば》にかしずいておられた

輦前ノ才人帯ブ二弓箭《せん》ヲ一
車の先導の女官たちは弓矢をたばさみ

（注6）白馬嚼《しゃく》齧《げつ》ス黄金ノ勒《くつわ》
白馬は勇んではんでいる、黄金のくつわを

翻《ひるがへ》シテレ身ヲ向カヒレ天ニ仰ギテ射ルレ雲ヲ
女官たちが身をひるがえして天に向かい仰ぎ見ながら雲を射る

C

一箭《せん》正ニ墜ス双飛翼
ひと矢でまさに射落とした、二羽の飛ぶ鳥を

（注7）明眸《ぼう》皓《かう》歯《し》今何クニカ在ル
澄んだひとみ、白い歯のあのお方は今どこにいるのか

血汚ノ遊魂帰リ不レ得
血に汚されたさまよう魂は帰ろうにも帰れない

（注8）清渭《ゐ》ハ東流シ（注9）剣閣ハ深シ
清らかな渭水は東へ流れて剣閣は（はるか西の）山深くにある

（注10）去住彼此無シ二消息一
去るものととどまるもの、あちらとこちらと消息も通じない

人生有リレ情涙沾《ぬ》ラスレ臆《むね》ヲ

D 江水江花豈ニ終ニ□

E 黄昏胡騎塵満ツレ城ニ

欲シテレ往カント二城南ニ一忘ル二南北ヲ一

人の生には感情がある、私の涙は胸までもぬらす

□

たそがれ時に胡《こ》人の騎兵の立てるほこりが長安の町に立ちこめる

町の南に行こうとしてどちらが町の南か北かわからなくなってしまった

（彭定求《ほうていきゅう》『全唐詩《ぜんとうし》』による）

（注）
1 少陵――長安近郊の地。漢の宣帝の陵墓（杜陵）のわきの皇后許氏の陵墓。この付近に杜甫は住んでいたことがある。
2 曲江――長安の東南隅にあった行楽地。水流が蛇行することから「曲江」と呼ばれた。
3 曲――水流が曲がっているところ。
4 江頭宮殿――曲江にあった玄宗の離宮「芙蓉苑《ふようえん》」。「南苑」も同じ。
5 昭陽殿裏第一人――昭陽殿は前漢の成帝の寵愛を受けた趙飛燕《ちょうひえん》のいた宮殿。「第一人」はここでは楊貴妃のこと。
6 白馬嚼齧黄金勒――「嚼齧」は嚙《か》むこと。「勒」は馬の口にかけるくつわ。
7 明眸皓歯――澄んだひとみ、白い歯。美人の形容。楊貴妃のこと。
8 清渭――渭水のこと。渭水は清流といわれる。楊貴妃の殺された馬嵬は渭水のそばにある。
9 剣閣――玄宗が逃げた蜀への道に立ちはだかる山。
10 去住彼此――「去」は行ってしまうこと、「住」はとどまること。「去」「彼」は蜀に去った玄宗、「住」「此」は馬嵬にとどまる楊貴妃。

問１　波線部(ア)「孰」・(イ)「偶」のここでの読み方として最も適当なものを、次の各群の①～⑤のうちから、それぞれ一つずつ選べ。解答番号は 1 ・ 2 。

(ア)「孰」 1
① たれか
② いづくにか
③ いづくんぞ
④ いづこか
⑤ いづれか

(イ)「偶」 2
① ますます
② いよいよ
③ たまたま
④ はなはだ
⑤ しばしば

問２　傍線部Ａ「欲往城南忘城北」を、**【文章】**に即して解釈したものとして最も適当なものを、次の①～⑤のうちから一つ選べ。解答番号は 3 。

① 町の南に行こうとして、それなのに気になって町の北を遠くながめてしまった。
② 町の南に行こうとして、そのままつい町の北に忘れ物を取りに行ってしまった。
③ 町の南に行こうとして、なんとどちらが南か北かがわからなくなってしまった。
④ 町の南に行こうとして、いつのまにか町の北の騎兵のことなど忘れてしまった。
⑤ 町の南に行こうとして、そこで南北を聞こうとしたがだれにも出会わなかった。

問3 傍線部**B**「或以為二舛誤一、或以為二改定一、皆非也」について、具体的に意味を説明したものとして最も適当なものを、次の①～⑤のうちから一つ選べ。解答番号は 4 。

① ある人は王安石が「忘」と「望」を間違えたのだと思い、ある人は王安石が改訂したのだと考えているのは、ともに誤りなのである。

② ある人は王安石が「忘」と「望」を間違えたのだと思い、ある人は杜甫が改訂したのだと考えているのは、ともに誤りなのである。

③ ある人は陸游が「忘」と「望」を間違えたのだと思い、ある人は陸游が改訂したのだと考えているのは、ともに誤りなのである。

④ ある人は杜甫が「忘」と「望」を間違えたのだと思い、ある人は王安石が改訂したのだと考えているのは、ともに誤りなのである。

⑤ ある人は王安石が「忘」と「望」を間違えたのだと思い、ある人は陸游が改訂したのだと考えているのは、ともに誤りなのである。

問４　傍線部Ｃ「一箭正墜双飛翼」とあるが、その意味を説明したものとして最も適当なものを、次の①〜⑤のうちから一つ選べ。解答番号は［５］。

①「一箭正墜」とはひと矢でまさに射落としたという意味であり、女官たちが天に向かって矢を放ったことから、玄宗が天に背いていることをあらわしている。

②「一箭正墜」とはひと矢でまさに射落としたという意味であり、女官たちに武装させ鍛錬しているのは、それほど兵力が衰退していることをあらわしている。

③「双飛翼」とは二羽ならんで飛ぶ鳥の意味であり、二羽とも射落としたということは、安禄山の反乱軍の両翼を一度に壊滅させることを暗示している。

④「双飛翼」とは二羽ならんで飛ぶ鳥の意味であり、雌雄が翼をならべて飛ぶ「比翼の鳥」が射落とされたことから、玄宗と楊貴妃の悲劇を暗示している。

⑤「双飛翼」とは二羽ならんで飛ぶ鳥の意味であり、仲睦まじく飛ぶ雌雄の鳥を射止めたことから、玄宗と楊貴妃の来世での幸せな人生を暗示している。

問5 傍線部**D**「江水江花豈終[　]」について、空欄に入る語とこの句の解釈との組合せとして最も適当なものを、次の①～⑤のうちから一つ選べ。解答番号は[6]。

① 楽《シマンヤ》――曲江の水、曲江の花、美しい風景を楽しめるはずがない

② 極《マランヤ》――無情の曲江の水、曲江の花、結局尽きることはない

③ 暖《ナランヤ》――春の曲江の水、曲江の花、暖かな光はまとっていない

④ 忘《レンヤ》――眼前の曲江の水、曲江の花、いつまでも忘れはしない

⑤ 用《ヒンヤ》――清らかな曲江の水、曲江の花、決して人に使われまい

問６　傍線部**E**「黄昏胡騎塵満レ城欲レ往二城南一忘二南北一」について、杜甫がこの詩に込めた心情はどのようなものか。**【文章】**を踏まえた上でその説明として最も適当なものを、次の①～⑤のうちから一つ選べ。解答番号は 7 。

① かつて栄華を誇った長安の荒廃したさま、人の世の移り変わりの激しさを悲しんでいる。ふと我に返り反乱軍に協力した罪で死刑になることを恐れ逃げようとしたが、どちらに行けばよいのかわからなくなり、逃げまどうしかなかった。

② かつて栄華を誇った長安の荒廃したさま、人の世の移り変わりの激しさを悲しんでいる。ふと我に返り反乱軍から逃げ出してきたが、どちらの方角に行けばよいのかわからなくなり、騎兵に見つかるのを恐れて宮殿に隠れてしまった。

③ かつて栄華を誇った長安の荒廃したさま、人の世の移り変わりの激しさを悲しんでいる。ふと我に返り騎兵が巻き上げる塵に恐れまどって死から逃れようとしたが、どちらが南か北かわからなくなってしまい、当惑するしかなかった。

④ かつて栄華を誇った長安の荒廃したさま、人の世の移り変わりの激しさを悲しんでいる。そのとき騎兵が巻き上げる塵を目にして昔の華やかな女官たちの武装兵団を思い出し、南に行こうとしたが、恐ろしくなり立ちつくしてしまった。

⑤ かつて栄華を誇った長安の荒廃したさま、人の世の移り変わりの激しさを悲しんでいる。まさにこの詩を詠もうとしたとき、騎兵に追いかけられて町の南に行くはずが北に向かってしまい、詩を書き記すことができなくなってしまった。

第8問　『欒城集』『荘子』

解答・解説51ページ

次の文章は、北宋の文人政治家蘇轍《そてつ》が、黄州に流罪となっていた張夢得《ちょうぼうとく》の建てたあずまやに兄の蘇軾《そしょく》が「快哉亭《かいさいてい》」と名付けたことについて解説したものである。これを読んで、後の問い（問1〜7）に答えよ。なお、設問の都合で返り点・送り仮名を省いたところがある。（配点　45）

「清（注1）河ノ張君夢得讁《たく》（注2）二居ス斉（注3）安一ニ。即キテ二其ノ廬之西南一ニ為リレ亭ヲ、以テ覧（注4）二観スル江流之勝（1）一ヲ。而シテ余ガ兄子《し》（注5）瞻《せん》名ヅケテレ之ニ曰フ二快哉ト一。」（ア）

昔楚（注6）ノ襄王従ヘシトキ（注7）二宋玉・景差ヲ於蘭（注8）台之宮一ニ、有リ二風ノ颯《さつ》然トシテ至ル者一。王披《ひらキ》レ襟《えりヲ》当タリテレ之ニ曰ハク、「快ナル哉此ノ風。寡人ノ所ノ下与二庶人一共ニスル上者耶《かト》。」宋玉曰ハク、「此レ独リ大王之雄風ナル耳。A庶人安得共之。」B玉之言、蓋有レ諷焉。」（イ）夫レ風ニ無クシテ二雌雄之異一而人ニ有リ二遇不遇之変一。楚王之所二以ト為スレ楽シミト与三ハ庶人之所二以為スレ憂ヒト、此レ則チ人之変也。而風何与焉。」㋒士生マレテ二於世一ニ、D使其中不自得、将何往而非病。使メバ三其ノ中ヲシテ坦(注9)然トシテ不ラ二以テレ物ヲ傷レハ性ヲ、将タ何クニ適クトシテ(2)而非ザランレ快ニ。」㋓今張君不ニ以テレ謫《たく》ヲ為サレ患《うれ》ヒト。竊ミテ二会計之余(注10)功一ヲ、而自ラ放《ほしいまま》ニス二山水之間一ニ。」㋔E此其中宜レ有二以過レ人者一。将ニ蓬《ほう》(注11)戸《こ》甕《おう》牖《ゆう》モ、無カラントレ所ルレ不ナラレ快。而ルヲ況ンヤ乎濯《あら》ヒ二長江之清流一ニ、揖《いふ》シ(注12)二西山之白雲一ニ、窮メテ二耳目之勝一ヲ、F以テ自適スルヲ也や哉。

（蘇轍『欒城集《らんじょうしゅう》』「黄州快哉亭記」による）

（注）

1　清河――河北省清河県の東南。

2　謫居――流罪となり、その地でわび住まいする。

3　斉安――黄州のこと。

4　覧観――あまねく眺めわたす。

5　子瞻――蘇軾の字《あざな》。

6　楚襄王――戦国時代の楚の頃襄王。

7　宋玉・景差――いずれも『楚辞』の代表的作者である屈原の弟子。

8　蘭台――楚王の宮殿の名。

9　坦然――心が穏やかで安らかである。

10　余功――余った時間。余暇。

11　蓬戸甕牖――粗末な家。「蓬戸」は蓬《よもぎ》で編んだ扉、「甕牖」は壊れたかめの口を用いた窓。

12　揖――挨拶する。両手を組んで会釈する。

問1　波線部(1)「勝」・(2)「適」と同じ意味の「勝」「適」を含む熟語として最も適当なものを、次の各群の①～⑤のうちから、それぞれ一つずつ選べ。解答番号は 1 ・ 2 。

(1)「勝」 1
① 勝敗
② 景勝
③ 健勝
④ 勝機
⑤ 殊勝

(2)「適」 2
① 適切
② 最適
③ 快適
④ 適帰
⑤ 適当

問2 傍線部**A**「庶人安得共之」、**C**「而風何与焉」の書き下し文と解釈との組合せとして最も適当なものを、次の各群の①～⑤のうちから、それぞれ一つずつ選べ。解答番号は 3 ・ 4 。

A 庶人安得共之 3

① 庶人安《いづ》くにか之を共にするを得る
庶民がどこでこの風を共にすることができるのでしょうか。

② 庶人安くにか共に之を得たる
庶民がどこで共にこの風を手に入れたのでしょうか。

③ 庶人安《いづ》くんぞ之を共にするを得んや
庶民がこの風を共にすることができるはずがありません。

④ 庶人安くんぞ之を共にするを得ん
庶民がなんとかこの風を共にすることができるようにしたいのです。

⑤ 庶人安《やす》んじて之を共にするを得るなり
庶民が安心してこの風を共にすることができるのです。

C 而風何与焉 4

① 而るに風何ぞ与《あづか》らんや
それなのに風がどうして関係があろうか。

② 而るに風何ぞ与《くみ》せんや
それなのに風が力を合わせるはずがない。

③ 而して風何ぞ焉《これ》を与《あた》へんや
そうして風がこれを与えるはずがない。

④ 而るに風何ぞ焉と与《とも》にするか
それなのに風がどうしてこれと共にするのだろうか。

⑤ 而して風何ぞ与《よ》るか
そうして風がなんと頼ることよ。

問3 傍線部**B**「玉之言、蓋有レ諷焉」とはどういう意味をあらわしているか。その説明として最も適当なものを、次の①〜⑤のうちから一つ選べ。解答番号は 5 。

① 宋玉の言葉は、襄王を風刺しないのか、風刺すればよかったのに、という勧誘の意味。
② 宋玉の言葉は、襄王を風刺するものなどあろうか、いやなかった、という反語の意味。
③ 宋玉の言葉は、なんと風刺するものがあったのではなかろうか、という詠嘆の意味。
④ 宋玉の言葉は、思うに襄王を風刺するものがあったのだろう、という推定の意味。
⑤ 宋玉の言葉は、風刺されるものがあるのを覆い隠そうとした、という意志の意味。

問4 傍線部**D**「使其中不自得、将何往而非病」の解釈として最も適当なものを、次の①〜⑤のうちから一つ選べ。解答番号は 6 。

① その心を自ら満足させなかったならば、あるいはどうして出かけても病気に苦しまないことがあろうか。
② その心を自ら満足させなかったならば、あるいはどこに行っても憂いに苦しまないはずはない。
③ その心を自ら満足させなかったならば、まさにきっと出世しても病気に苦しまないはずはない。
④ その心を自ら満足させなかったならば、あるいはどこに行っても憂いに苦しむことはないのである。
⑤ その心を自ら満足させなかったならば、まさにどこで出世しても憂いに苦しまないであろう。

問5　傍線部E「此其中宜レ有二以過レ人者一」の「過レ人者」とは筆者が張君をどのように評価している言葉か。その説明として最も適当なものを、次の①～⑤のうちから一つ選べ。解答番号は 7 。

① 張君は、流罪生活をつらいと思わずに、仕事の余った時間をうまく使って自ら気ままにこの地での生活を楽しんでいる余裕があるので、人より優れていると評価している。

② 張君は、楚の襄王と同じように風を心地よいと感じて、風光明媚《ふうこうめいび》な「快哉亭」からの眺めを楽しむことのできる風流心を持っているので、人より優れていると評価している。

③ 張君は、国の会計から盗みを働き横領罪に問われて流罪になったけれども、今の生活を楽しみ過ちを犯してよかったと思う度量があるので、人より優れていると評価している。

④ 張君は、流罪となってわび住まいをしているにもかかわらず、兄の蘇軾が「快哉亭」と名付けたほどの立派な建物を造る甲斐性があるから、人より優れていると評価している。

⑤ 張君は、自分の心を自ら満足させ、穏やかに安らかにさせて自分の外の物事によって本性を損なわせないようにすることができるので、人より優れていると評価している。

問6　本文を論旨の展開上、三つの部分に分けるならば、㋐～㋔のどこで切れるか。最も適当なものを、次の①～⑤のうちから一つ選べ。解答番号は 8 。

① ㋐と㋓　② ㋐と㋔　③ ㋑と㋒　④ ㋑と㋓　⑤ ㋑と㋔

問7 傍線部F「以自適也哉」とあるが、筆者はどのようなことを述べているのか。次の【資料】を参考にして、本文を踏まえたうえで、筆者の主張として最も適当なものを、後の①～⑤のうちから一つ選べ。解答番号は 9 。

【資料】

夫レ不シテ二自ラ見一而見レ彼(注1)ヲ、不シテ二自ラ得(注2)一而得レルレ彼ヲ者ハ、是レ得《とく》トシテ二人之得ヲ一、而不ル三自ラ得トセ二其ノ得ヲ一者也。適《てき》(注3)トシテ二人之適ヲ一、而不ル三自ラ適トセ二其ノ適ヲ一者也。夫レ適トシテ二人之適ヲ一、而不ルハ三自ラ適トセ二其ノ適ヲ一、雖モ三盗(注4)跖《せき》ト与二伯(注5)夷一、是レ同ジク為ス二淫(注6)《いん》僻《へき》ト一也。余《われ》愧《はズ》二乎道徳ニ一。是ヲ以テ上ハ不三敢ヘテ為サ二仁義之操《おこな》ヒヲ一、而シテ下ハ不ル三敢ヘテ為サ二淫僻之行ヒヲ一也。

(『荘子《そうじ》』外編・駢拇《べんぼ》による)

(注) 1 彼――外のもの。外物。
2 得――満足する。会得する。

3　適──楽しむ。心にかなう。
4　盗跖──春秋時代、魯の大泥棒。
5　伯夷──周の武王の殷討伐を義に反するとし、弟の叔斉と周の食べ物を食べずに餓死した。
6　淫僻──よこしまで正しくないこと。まともでないかたよったこと。

① 筆者は、このような不遇な状況にあっては、自ら満足して穏やかに安らかな精神を得られないと悲嘆し、自ら風景を楽しんで「快哉」と感嘆することができないと主張している。
② 筆者は、このような悲嘆すべき状況であるのだから、自ら満足して穏やかに安らかな精神を得るために、風景を楽しもうとしても、「快哉」と呼ぶことはできないと主張している。
③ 筆者は、どのような方法を使っても、自ら満足して穏やかに安らかな精神を得ることによって、はじめて自ら風景を楽しんで「快哉」と呼ぶことができると主張している。
④ 筆者は、どのような状況にあっても、自ら満足して穏やかに安らかな精神を得たとき、はじめて自ら風景を楽しんで「快哉」と感嘆することができると主張している。
⑤ 筆者は、どのような状況にあっても、自ら満足して穏やかに安らかな精神を得たうえ、さらに自ら風景を楽しむならば、「快哉」の名にふさわしいと主張している。

頻出句形チェック

（　）内に意味を補足したところがある。

☆再読文字

1 「其地之為名、訪之於古、**未**之聞」の返り点の付け方と書き下し文との組合せとして最も適当なものを一つ選べ。（17センター本試 問5）

① 其地之為レ名、訪レ之於レ古、未二之聞一
其の地の名を為《な》すに、之を訪ぬるに古《いにしへ》に於《お》いてするは、未だ之《ゆ》くを聞かず

② 其地之為レ名、訪二之於古一、未二之聞一
其の地の名為《た》る、之を古に訪ぬるも、未だ之を聞かず

③ 其地之為レ名、訪二之於レ古、未レ之聞
其の地の名を為すに、之きて古に於いて訪ぬるも、未だ之かざるを聞く

④ 其地之為レ名、訪二之於レ古、未二之聞一
其の地の名の為《ため》に、之きて古に於いて訪ぬるも、未だ之を聞かず

⑤ 其地之為レ名、訪二之於古一、未レ之聞
其の地の名為る、之を古に訪ぬるも、未だ之かざるを聞く

2　「吾将迎之」の書き下し文と解釈の組合せとして最も適当なものを一つ選べ。（10センター追試 問2）

① 吾、之を将迎せんと　　私が彼を送迎するつもりだ、と。
② 吾、将《ひき》ゐて之を迎へんと　　私が彼を連れて出迎えよう、と。
③ 吾、将《もつ》て之を迎へんと　　私がこうして彼を出迎えよう、と。
④ 吾、将に之を迎へんとすと　　私が彼を迎えるつもりだ、と。
⑤ 吾、将《は》た之を迎へんと　　私がまた彼を迎えようか、と。

3　「食且ニレ尽キント」の解釈として最も適当なものを一つ選べ。（04センター本試Ⅰ 問2）

① 食糧の補給がしばらく途絶えたために
② 食糧はまだまだ十分あるはずだと思い
③ 食糧でさえ極めてとぼしい事態なので
④ 食糧がいよいよなくなりそうになって
⑤ 食糧がもしも絶たれてしまったならば

4　「猶レ免二於剪伐一」の解釈として最も適当なものを一つ選べ。

①　きっと切り取られるのを避けるにちがいない
②　依然として切り取られることには変わりない
③　切り取られることから逃れようとするだろう
④　まだ切り取られずにすんだわけではないのだ
⑤　切り取られずにすんだのと同じようなことだ

（14センター本試　問4）

5　「当選其諸集中之最佳者、録成一帙（彼らの詩集の中の最も優れた作品を選び、一冊の詩集を編集しなければならない）」について、返り点の付け方と書き下し文との組合せとして最も適当なものを一つ選べ。

（13センター追試　問4）

①　当レ選二其諸集中之最佳者一、録レ成二一帙一
　　其の諸集中の最も佳なる者を選ぶに当たりては、一帙を成すを録す
②　当下選二其諸集中之最佳者一、録成中一帙上
　　当に其の諸集中の最も佳なる者を選び、録して一帙を成すべし
③　当下選二其諸集中之最佳者一、録上レ成二一帙一
　　当に其の諸集中の最も佳なる者を選び、一帙を成すを録すべし
④　当下選二其諸集中之最佳者一、録上レ成二一帙一
　　其の諸集中の最も佳なる者を選び、一帙を成すを録するに当たる

⑤　当レ選二其諸集中之最佳者一、録成二一帙一
　其の諸集中の最も佳なる者を選ぶに当たりては、録して一帙を成さん

6
「先須三熟読、**使**二其言皆若レ出二於吾之口二」の読み方として最も適当なものを一つ選べ。　（91センター本試 問1改）

①　まずまさに熟読し、その言をして皆吾の口より出づるがごとくせしむべし
②　まずよろしく熟読し、その言の皆をして吾の口に出づるがごとくせしむべし
③　まずすべからく熟読し、その言をして皆吾の口より出づるがごとくせしむべし
④　まずまさに熟読し、その言の皆をして吾の口に出づるがごとくせしむべし
⑤　まずよろしく熟読し、その言をして皆吾の口より出づるがごとくせしむべし
⑥　まずすべからく熟読し、その言の皆をして吾の口に出づるがごとくせしむべし

☆否定の句形

7　「逝《ゆキシ》者《ハ》**不**二**復**《まタ》帰《ラ》一」とは、どういう意味か。最も適当なものを一つ選べ。

（90センター追試 問4）

① 逃げだしたものはもう帰ってこない
② 立ち去ったものはもう帰ってこない
③ 死んだものはもう帰ってこない
④ 過ぎ去ったことはもうとりかえしがつかない
⑤ 壊れたものはもうもとにもどらない

8　「自今**勿復**為此飾（今後二度とこの飾りをしてはならない）」の返り点の付け方と書き下し文として最も適当なものを一つ選べ。

（02センター追試Ⅰ・Ⅱ 問2）

① 自レ今勿二復為レ此飾一　今より復た此れが為に飾ること勿しと
② 自レ今勿二復為レ此飾一　今より復た此れが為に飾ること勿かれと
③ 自レ今勿三復為二此飾一　今より復た此の飾りを為すこと勿しと
④ 自レ今勿三復為二此飾一　今より復た此の飾りを為すこと勿かれと
⑤ 自レ今勿三復為二此飾一　今より復た此の飾りの為にすること勿しと

9 「理《トシテ》無《シ》レ不《ルハ》レ死《セ》」とはどういう意味か。最も適当なものを一つ選べ。（96センター本試Ⅰ・Ⅱ 問2）

① 真理は滅びるものではない
② 真理は滅びないものではない
③ 道理として死ぬものはいない
④ 道理として死なないものはない
⑤ 道理なくして死ぬことはできない

10 「世莫不貴取賤棄也（この世の中ではすべて価値の高いものは選び取られ価値の低いものが見棄てられる）」の書き下し文として最も適当なものを一つ選べ。（14センター本試 問5）

① 世に取るを貴び棄《す》つるを賤《いや》しまざるは莫《な》し
② 世の貴を取り賤《せん》を棄てざること莫かれ
③ 世に貴は取られ賤は棄てられざるは莫し
④ 世の貴を取らず賤を棄つること莫かれ
⑤ 世に貴は取られず賤は棄てらるること莫し

11 「君タル者無クレ不ルハレ思ハレ求ムルヲ二其ノ賢ヲ一、賢ナル者罔《な》シレ不ルハレ思ハレ効《いた》スヲ二其ノ用ヲ一」の解釈として最も適当なものを一つ選べ。

（23共通テスト本試 問2）

① 君主は賢者の仲間を求めようと思っており、賢者は無能な臣下を退けたいと思っている。
② 君主は賢者を顧問にしようと思っており、賢者は君主の要請を辞退したいと思っている。
③ 君主は賢者を登用しようと思っており、賢者は君主の役に立ちたいと思っている。
④ 君主は賢者の意見を聞こうと思っており、賢者は自分の意見は用いられまいと思っている。
⑤ 君主は賢者の称賛を得ようと思っており、賢者は君主に信用されたいと思っている。

12 「無シ二人トシテ不ルハ一レ道《い》ハ二看テレ花ヲ回ルト一」とは、どういうことか。最も適当なものを一つ選べ。

（87共通一次本試 問2）

① 花を見て帰るところだと誰《だれ》もが言う
② 人の家の花を見て帰るところだと皆が言う
③ 花を見たら誰でもふりかえるはずだと皆が言う
④ 人々は花を見てそのまわりをめぐり歩いたという
⑤ 花を見てまわるのは人として当然だという

13　「人 X 以無学（人は学問がなければならない）」について、空欄 X に入る語と書き下し文との組合せとして最も適当なものを一つ選べ。　（22共通テスト追試　問2）

① 須　　人須らく以て学無かるべし
② 不如　人以て学無きに如かず
③ 不可　人以て学無かるべからず
④ 猶　　人猶ほ以て学無きがごとし
⑤ 不唯　人唯だ以て学無きのみにあらず

14　「未二嘗不レ同也」は、どう読むか。最も適当なものを一つ選べ。　（86共通一次本試　問4）

① いまだかつておなじからざることなからんや
② いまだかつておなじからざらんや
③ いまだかつておなじからざることあらざるや
④ いまだかつておなじからざるなり
⑤ いまだかつておなじからずんばあらざるなり

15 「**不**㆓**敢**西向㆒」について、Aその読み方と、Bこれを「**敢不**㆓西向㆒」と変えた場合の読み方として最も適当なものを一つ選べ。（89共通一次追試 問4）

ア　西に向かふことをあへてせず
イ　あへて西せずして向かはず
ウ　あへて西に向かはず
エ　あへて西に向かはざらんや
オ　あへて西せずして向かはざらんや
カ　西に向かふことをあへてせざらんや

① A＝ア　B＝オ
② A＝ア　B＝カ
③ A＝イ　B＝エ
④ A＝イ　B＝カ
⑤ A＝ウ　B＝エ
⑥ A＝ウ　B＝オ

16　「**不肯**呼之使醒（声をかけて目覚めさせてやろうという気にならなかった）」の返り点の付け方と書き下し文として最も適当なものを一つ選べ。（07センター本試　問3）

①　不下肯呼二之使一醒上　　肯《あ》へて之の使ひを呼ぶも醒《さ》めず

②　不レ肯二呼レ之使一レ醒　　之を呼ぶも醒めしむるを肯《がへ》んぜず

③　不レ肯下呼二之使一醒上　　之の使ひを呼ぶも醒むるを肯んぜず

④　不二肯呼一之使レ醒　　肯へて呼ばず之きて醒めしむ

⑤　不二肯呼レ之使一レ醒　　肯へて之を呼びて醒めしめず

17　「**不必**与人斉同」の書き下し文として最も適当なものを一つ選べ。（16センター追試　問3）

①　必ず人の斉同なるに与《くみ》せず。

②　必ず人の斉同なるに与《あづか》らず。

③　必ずしも人に斉同なるを与へず。

④　必ずしも人と斉同ならず。

⑤　必ずしも人より斉同ならず。

☆使役形

18 「**使**ニ相償レ之」は「相（田叔）の手で銭を弁償させようとした」という意味である。どのように読むのが正しいか。最も適当なものを一つ選べ。

（99センター追試Ⅰ 問4）

① 相をしてこれを償ふ
② 相をしてこれを償はしむ
③ 相をしてこれを償ふべし
④ 相をつかひてこれを償ふ
⑤ 相をつかひてこれを償はしむ
⑥ 相をつかひてこれを償ふべし

19 「遂ニ**令**｜メテレ召サレ惎《き》ヲ先ニ宴ス」の「令」と同じ意味・用法を持つ語はどれか。最も適当なものを一つ選べ。

（95センター本試 問2）

① 使　② 雖　③ 被　④ 非　⑤ 猶

20　「夫人之有一能而**使**後人尚之如此」（そもそも人にすぐれた一芸が備わっていて後世のひとびとに尊敬させることになるのはこのようである）の返り点の付け方と書き下し文との組合せとして最も適当なものを一つ選べ。

（21共通テスト第二日程　問6）

① 夫人之有二一能一而使二後人一尚レ之レ如レ此
　夫《か》の人の一能有りて後人を使ひて此《か》くのごとく之を尚《たつと》ぶ

② 夫人之有二一能一而使二後人尚一レ之レ如レ此
　夫の人を之れ一能有れば而《すなは》ち後人をして此くのごときに之《ゆ》くを尚ばしむ

③ 夫人之有二一能一而使二後人尚一レ之如レ此
　夫《そ》れ人の一能有りて後人をして之を尚ばしむること此くのごとし

④ 夫人之有下一能而使二後人尚一レ之如上レ此
　夫れ人を之れ一能にして後人をして之を尚ばしむること此くのごとき有り

⑤ 夫人之有下一能而使二後人一尚レ之如上レ此
　夫れ人の一能にして後人を使ひて之を尚ぶこと此くのごとき有り

21 「明皇詔**令**従陳閎受画法（明皇（玄宗）は詔を下して（画家の韓幹に）陳閎に師事させて絵の技法を習わせようとした）」の返り点の付け方と書き下し文の組合せとして最も適当なものを一つ選べ。

（08センター本試　問2）

① 明皇詔令三従陳閎受二画法一　　明皇詔して従ひし陳閎をして画法を受けしめんとす

② 明皇詔令レ従二陳閎受画法一　　明皇詔して陳閎の受けし画法に従はしめんとす

③ 明皇詔令下従二陳閎一受中画法上　　明皇詔して陳閎に従ひて画法を受けしめんとす

④ 明皇詔令二‐従陳閎一受二画法一　　明皇詔して陳閎を令従し画法を受けしめんとす

⑤ 明皇詔令従陳閎受二画法一　　明皇詔して令従の陳閎をして画法を受けしめんとす

22 「**命**二童子一取二貍《り》奴《ど》一置二臥内一」の解釈として最も適当なものを一つ選べ。

（06センター本試　問3）

① 童子が猫を受け取って、寝室の中へ閉じ込めた

② 童子が猫をけしかけて、寝室の鼠を捕まえさせた

③ 童子に指示して、寝室の中で猫を捕まえさせた

④ 童子の猫をけしかけて、寝室の鼠を捕まえさせた

⑤ 童子に指示して、飼っていた猫を寝室に移させた

☆受身の句形

23　「曷《なん》為《す》レゾ**見**レ召」の「見」の説明として最も適当なものを一つ選べ。

（92センター追試 問3）

① 「使」と同じで、「～させる」という意味
② 「被」と同じで、「～される」という意味
③ 「示」と同じで、「しめす」という意味
④ 「現」と同じで、「あらわれる」という意味
⑤ 「謁見」の「見」と同じで、「まみえる」という意味

24　「今**為**ル二人ノ**所**ト一レ資スル」の意味として最も適当なものを一つ選べ。

（92センター本試 問3改）

① 今も人のために役立っている
② 今では人が食料としている
③ 今は人の食料となっている
④ 今は人に利用されている
⑤ 今では人の娯楽となっている

25 「有蛇螫殺人、**為**冥官**所**追議、法当死」の返り点の付け方と書き下し文との組合せとして最も適当なものを一つ選べ。（12センター本試 問2）

① 有レ蛇螫殺レ人、為三冥官所二追議一、法当レ死
蛇有りて螫《か》みて人を殺し、冥官の追議する所と為《な》り、法は死に当たる

② 有レ蛇螫殺レ人、為二冥官所追議一、法レ当レ死
蛇有りて螫みて人を殺さんとし、冥官の所に追議を為すは、死に当たるに法《のつと》る

③ 有レ蛇螫殺人、為二冥官一所二追議一、法レ当レ死
蛇有りて螫まれ殺されし人、冥官と為りて追議する所は、死に当たるに法る

④ 有二蛇螫一殺人、為三冥官所二追議一、法レ当レ死
蛇の螫むこと有らば殺す人、冥官の追議する所の為《ため》に、死に当たるに法る

⑤ 有レ蛇螫殺人、為冥官所二追議一、法当レ死
蛇有りて螫まれ殺されし人、為に冥官の追議する所にして、法は死に当たる

26 「奪ハレテ二**於**公論ニ一」の助字「於」と同じ用法のものはどれか。最も適当なものを一つ選べ。（91センター本試 問4）

① 青出二於藍一　② 良薬苦二於口一　③ 苛政猛二於虎一

④ 君子博学二於文一　⑤ 先則制レ人、後則制二於人一

☆仮定形

27 「若如レ此」はどう読むか。最も適当なものを一つ選べ。（88センター試行 問3）

①　なんぢ　このごときは
②　なんぢ　このごとくすれば
③　もし　これにしかば
④　もし　かくのごとくんば
⑤　わかきこと　これにしかば
⑥　わかきこと　かくのごときは

28 「若不逞丹青、空房応独守（もしも絵画の腕をふるわなかったなら、夫のいない部屋でひとりぼっちでいることになっただろう）」の読み方として最も適当なものを一つ選べ。（00センター追試Ⅰ・Ⅱ 問5改）

①　若《わか》くして丹青を逞《たくま》しくせざれば、空房応《まさ》に独り守るべし
②　若《わか》くして丹青を逞しくせざれば、空房に応《おう》じて独り守るのみ
③　若《も》し丹青を逞しくせざれば、空房応に独り守るべし
④　若しくは丹青を逞しくせずして、空房に応じて独り守るのみ
⑤　丹青を逞しくせずして、空房応に独り守るべきが若《ごと》し
⑥　丹青を逞しくして、空房に応じて独り守るに若《し》かず

29 「**苟**近レ我、我当レ図レ之」の解釈として最も適当なものを一つ選べ。（22共通テスト本試 問3）

① どうか私に近づいてきて、私がおまえの絵を描けるようにしてほしい。
② ようやく私に近づいてきたのだから、私はおまえの絵を描くべきだろう。
③ ようやく私に近づいてきたのだが、どうしておまえを絵に描けるだろうか。
④ もし私に近づいてくれたとしても、どうしておまえを絵に描けただろうか。
⑤ もしも私に近づいてくれたならば、必ずおまえを絵に描いてやろう。

30 「**使**《ムルモ》二李・杜諸公《ヲシテ》復《タ》起《たタ》一、孰《カ》以《テ》レ予《ヲ》為《サン》レ可《シト》レ教《フ》也」の解釈として最も適当なものを一つ選べ。（13センター追試 問6）

① かりに李白・杜甫やその他の詩人がもう一度現れたとしても、だれも私に教えることができないだろう。
② 李白・杜甫やその他の詩人にもう一度詩を盛んにさせても、だれも私が教えられるとは思わないだろう。
③ かりに李白・杜甫やその他の詩人がもう一度現れたとしても、だれにも私は教えることができないだろう。
④ 李白・杜甫やその他の詩人にもう一度詩を盛んにさせても、だれにも私は教えることができないだろう。
⑤ かりに李白・杜甫やその他の詩人がもう一度現れたとしても、だれも私が教えられるとは思わないだろう。

31　「**雖**《モ》レ可《シト》二以《テ》免《ル》一」の「雖」は逆接仮定を示すが、それと異なる用法のものを一つ選べ。（88共通一次追試　問3）

① 雖《モ》二晋伐《うツト》レ斉《ヲ》、楚必《ズ》救《ハン》レ之《ヲ》

② 其《ノ》身不《ンバ》レ正《シカラ》、雖《モ》レ令《スト》不レ従《ハレ》

③ 門《ハ》雖《モ》レ設《ケタリト》而常《ニ》関《とざセリ》

④ 心誠《ニ》求《ムレバ》レ之《ヲ》、雖《モ》レ不《ト》レ中《あタラ》不レ遠《カラ》矣

⑤ 自《ラ》反《かへりミテ》而縮《なほクンバ》、雖《モ》二千万人《ト》一吾往《ゆカン》矣

32　「**雖**《いへどモ》二丞郎《ト》一亦《タ》須《すべかラク》《シ》レ下《ル》」の解釈として、最も適当なものを一つ選べ。（89センター試行　問2）

① 次官とはいえ、やはり頭を下げなければなりません

② 次官とはいえ、一度は引き下がらなければなりません

③ 次官であるけれども、やはり下ろされてしまうのです

④ 次官であるけれども、いつ下ろされるかわかりません

⑤ 次官であっても、やはり下りなければならないのです

⑥ 次官に言っても、やはり下ろされるにちがいありません

33 「非ニ六十万人一不レ可」の読み方として最も適当なものを一つ選べ。

（98センター本試Ⅰ・Ⅱ 問2）

① 六十万人に非ざれば可ならず

② 六十万人に非ずして可ならず

③ 六十万人を非として可とせず

④ 六十万人に非ずして可ならざらんや

⑤ 六十万人を非として可とせざらんや

☆比較・最上の句形

34 「［　　］者ニハ、問ヒテレ焉《これ》ニ 以テ求メニ一得ヲ一」は「自分に及ばない者（自分より劣った者）には、その人に質問して一つでも得るところを求め」という意味になる。空欄に入るものとして最も適当なものを一つ選べ。

（93センター本試 問3改）

① 不ルレ知ラレ己ヲ

② 類スルニ于己ニ一

③ 勝ルニ于己ヨリ一

④ 不ルレ如カレ己ニ

⑤ 不ルレ好マレ己ヲ

35　「法士自知芸**不如**楊也（(鄭) 法士は自分の絵の技術が楊（契丹）には及ばないことを自覚していた）」の返り点の付け方と書き下し文との組合せとして最も適当なものを一つ選べ。　（08センター本試 問2）

① 法士自レ知レ芸不レ如レ楊也　　法士芸を知りてより楊のごとくならざるなり

② 法士自知二芸不一レ如レ楊也　　法士自ら芸の楊に如《し》かざるを知るなり

③ 法士自知レ芸不レ如レ楊也　　法士自ら芸を知ること楊のごとくならざるなり

④ 法士自知二芸不レ如楊一也　　法士自ら芸の如かざるは楊なるを知らんや

⑤ 法士自レ知二芸不一レ如レ楊也　　法士芸の楊のごとくならざるを知るによらんや

36　「人**莫**《シ》レ患《うれヒナルハ》三 **乎**自《ラ》以《テ》為《スヨリ》二 孔子《ト》一」とは、どういう意味か。最も適当なものを一つ選べ。　（87共通一次追試 問4）

① 人は自ら孔子のような人物となるように努めることほどつらいことはない

② 自分が孔子のような人物になれるかどうかについては、心をわずらわすことはない

③ 自分を孔子のような人物であると思うと、うれいはなくなる

④ 最も心配なことは、自分が孔子のような人物になれるかどうかである

⑤ 最も憂慮すべきことは、人が自らを孔子のような人物と思いこむことである

☆限定形・累加形

37 「**唯**」と同じ意味・用法を持つ語はどれか。最も適当なものを一つ選べ。（95センター本試 問2）

① 凡　② 夫　③ 只　④ 抑　⑤ 蓋

38 「**不**二**惟**収レ**怨**」はどう読むか。最も適当なものを一つ選べ。（84共通一次本試 問4）

① これうらみををさめざるのみにして
② ただにうらみををさむるのみならず
③ これうらみををさめず
④ これうらみはをさまらずして
⑤ ただにうらみはをさまらず

39 「**非**二**独**見レ病（見は受身）」はどう読むか。最も適当なものを一つ選べ。（85共通一次追試 問7）

① ひとりくるしみにあふのみにあらず
② ひとりくるしみをみるのみにあらず
③ ひとりくるしめらるるのみにあらず
④ ひとりのくるしむをみるのみにあらず
⑤ ひとりくるしみをあらはすのみにあらず

40 「**何**ゾ**啻**《た》ダニ反《かへ》スレ掌《たなごころ》ヲ之易キノミナランヤ」の解釈として、最も適当なものを一つ選べ。（86共通一次本試 問7）

① 手のひらを返すことよりももっとやさしい
② 手のひらを返すことだけがやさしいのではない
③ 手のひらを返すようにはやさしくない
④ 手のひらを返すのと同じようにやさしい
⑤ 手のひらを返すような心変わりはしたくない

41 「世之為二人親与レ子、而有二不慈不孝者一、**豈独**愧二于古人一（この世で人の親と子となって、慈愛もなく孝心もない者がいるのは、ただ古人に対して恥じるだけではない）」の書き下し文として最も適当なものを一つ選べ。（15センター本試 問6）

① 世の人親《じんしん》と子との為にして、不慈不孝なる者有るは、豈に独り古人のみを愧《は》づかしめんや
② 世の人親の子に与ふと為すも、不慈不孝なる者有るは、豈に独り古人に愧づるのみならんや
③ 世の人親の子に与ふるが為に、不慈不孝なる者有るは、豈に独り古人のみを愧づかしめんや
④ 世の人親と子との為にするも、不慈不孝なる者有るは、豈に独り古人のみを愧づかしめんや
⑤ 世の人親と子と為りて、不慈不孝なる者有るは、豈に独り古人に愧づるのみならんや

☆抑揚形

42 「天《スラ》**尚**《ホ》如《シ》レ此《かクノ》、**況**《ンヤ》於《テヲ》レ君《ニ》**乎**《や》」には、どのような句形が用いられているか。最も適当なものを一つ選べ。

（95センター追試　問3）

① 受身
② 疑問
③ 反語
④ 抑揚
⑤ 限定

43 「児衣《ノ》在《リテスラ》レ側《ニ》、**尚**《ホ》齧《ラル》、**況**《ンヤ》鞍《ノ》懸《ケタルヲ》レ柱《ニ》**乎**《やト》」の解釈として最も適当なものを一つ選べ。

（97センター追試Ⅰ・Ⅱ問3）

① 身近にあった子供の衣でさえかじられるのだから、いっそ鞍を柱に懸けておいたらどうだろうか
② 太祖の衣が子供の傍らにあってさえかじられるのだから、いっそ鞍を柱に懸けておいたらどうだろうか
③ 身近にあった子供の衣でさえかじられるのだから、鞍を柱に懸けておくべきではなかった
④ 太祖の衣が子供の傍らにあってさえかじられるのだから、柱に懸けてある鞍がかじられるのは当然だ
⑤ 身近にあった子供の衣でさえかじられるのだから、柱に懸けてある鞍がかじられるのは当然だ

44

「況ンヤ欲スル三深ク造《いた》ラント二道徳ニ一者ヲ邪。」の解釈として最も適当なものを一つ選べ。

①　ましてつきつめて道徳を理解しようとする者がいるのだろうか。
②　まして道徳を体得できない者はなおさらであろう。
③　それでもやはり道徳を根付かせたい者がいるであろう。
④　ましてしっかりと道徳を身に付けたい者はなおさらであろう。
⑤　それでも道徳を普及させたい者はなおさらではないか。

（21共通テスト第二日程　問4）

☆疑問形

45 「**奈何**」の読み方として最も適当なものを一つ選べ。　（03センター追試Ⅰ・Ⅱ問1）

① なんぞ
② いづれぞ
③ いかんぞ
④ なんすれぞ
⑤ いづくんぞ

46 「度《はか》ルニ用㆓ヒテ**幾何**《いくばく》ノ人㆒ヲ而足ルヤト」の意味として最も適当なものを一つ選べ。　（98センター本試Ⅰ・Ⅱ問4）

① どれだけの人数を動員しても十分ではないと考えるのか
② どれだけの人数を動員すれば十分であると考えるのか
③ どのような人物を登用しても十分ではないと考えるのか
④ どのような人物を登用すれば十分であると考えるのか
⑤ 少しの人数を動員するだけで十分であると考えるのか

47「**孰**能**使**二之然一（誰《だれ》が鷹をそのようにさせることができるのか）」の読み方として最も適当なものを一つ選べ。

（92センター本試 問4）

① 孰《たれ》ぞ能《よ》く之を然らしめん
② 孰《たれ》の能《のう》か之《ゆ》きて然らしめん
③ 孰《たれ》か能《よ》く之をして然らしめん
④ 孰《いづく》んぞ能《よ》く之を然りとせしめん
⑤ 孰《いづ》れの能《のう》か之をして然らしめん

48「無由知確**否**（確実かどうか知る方法はない）」の返り点の付け方と書き下し文の組合せとして最も適当なものを一つ選べ。

（03センター本試Ⅰ・Ⅱ 問2）

① 無レ由知レ確否　　由無くして確たるを知るや否やと
② 無レ由レ知二確否一　　確たるや否やを知るに由無しと
③ 無レ由レ知確否　　知るに由無きは確たるや否やと
④ 無レ由二知レ確否一　　確たるを知るや否やに由無しと
⑤ 無レ由知二確否一　　由無くして確たるや否やを知らんと

49

「何ゾ不下ル縄モテ懸二ケ此ノ物ヲ（磁器の破片）一、以レテ銃ヲ発二シテ鉛丸ヲ一撃上タ之ヲ」の解釈として最も適当なものを一つ選べ。

（03センター本試Ⅰ・Ⅱ問3）

① どうして冑を縄でつるし、銃弾で撃たないことがあろうか
② どうして冑を縄でつるし、銃弾で撃たないのか
③ どうして磁器の破片を縄でつるし、銃弾で撃たないのか
④ どうして冑を縄でつるさずに、銃弾で撃つことができようか
⑤ どうして磁器の破片を縄でつるさずに、銃弾で撃つことができようか

50

「何ヲ以テカ知レルト之ヲ」の意味として最も適当なものを一つ選べ。

（99センター本試Ⅰ・Ⅱ問1）

① それがわかるはずがあるだろうか
② そのことがいつわかったのか
③ 何としてもそれを知りたいのか
④ どうしてそれがわかるのか
⑤ 誰《だれ》がそれを教えてくれたのか

51 「**豈其学不レ如レ彼邪**」に用いられている句法の説明として適当なものを**二つ**選べ。（21共通テスト第二日程 問3）

① この文には比較の句法が用いられており、「～には及ばない」という意味を表している。
② この文には受身の句法が用いられており、「～されることはない」という意味を表している。
③ この文には限定の句法が用いられており、「～だけではない」という意味を表している。
④ この文には疑問を含んだ推量の句法が用いられており、「～ではないだろうか」という意味を表している。
⑤ この文には仮定を含んだ感嘆の句法が用いられており、「～なら～ないなあ」という意味を表している。
⑥ この文には使役を含んだ仮定の句法が用いられており、「～させたとしても～ではない」という意味を表している。

☆反語形

52　「**身安得**レ無レ死**乎**（わが身が死なないでよいはずはありません）」を読み下した場合、どのように読むのがよいか。最も適当なものを一つ選べ。（02センター追試Ⅰ 問4）

① 身は安《いづ》くんぞ死を無《な》みすることを得んや
② 身は安《いづ》くにか死するところ無きを得たる
③ 身は安《やす》んじて死する無きを得たり
④ 身安《いづ》くんぞ死する無きを得んや
⑤ 身安《やす》んじて死するところ無きを得《う》
⑥ 身安《やす》んじて死を無《な》みするを得るか

53　「城中**安**得レ有二此獣一」の解釈として最も適当なものを一つ選べ。（04センター本試Ⅰ・Ⅱ 問3）

① まちに虎がいて安全といえるのだろうか
② とりでは安全なので鼠が多いのだろうか
③ まちに虎がいるはずがないではないか
④ とりでにどうして虎がいるのだろうか
⑤ まちに鼠がいるのは当然ではないか

54　「**安**知㆕此花不㆔忽然在㆓吾目前㆒**乎**」について、書き下し文と解釈との組合せとして最も適当なものを一つ選べ。（13センター本試　問7）

①　安くにか此《こ》の花の忽然として吾が目前に在らざるを知るあらんか
　　どこにこの花が思いがけず私の目の前に存在することがないと分かる人がいるのか。

②　安くんぞ此《ここ》に花の忽然として吾が目前に在らざるを知らんか
　　どうしてここで花が私の目の前から存在しなくなるとぼんやりとでも分かるのか。

③　安くんぞ此の花の忽然として吾が目前に在らざるを知らんや
　　どうしてこの花が思いがけず私の目の前に存在することがないと分かるだろうか。

④　安くにか此の花の忽然として吾が目前に在らざるを知るあらんや
　　どこにこの花が私の目の前に存在しないとぼんやりとでも分かる人がいるだろうか。

⑤　安くんぞ此に花の忽然として吾が目前に在らざるを知らんや
　　どうしてここで花が私の目の前から不意に存在しなくなると分かるだろうか。

55　「為㆓子孫㆒、**寧**可㆑有㆑此（子孫でありながら、どうしてそんなことをしましょうか）」は、どう読むか。最も適当なものを一つ選べ。（86共通一次追試　問3）

①　子孫たりて、むしろこれあるべけんや
②　子孫のために、いづくんぞこれあるべき
③　子孫のために、やすんじてこれあるべし
④　子孫のために、むしろこれあるべし
⑤　子孫たりて、いづくんぞこれあるべけんや

56

「**豈**《ニ》不《ラン》レ知《ラ》二以《テ》レ少《ヲ》撃《ツノ》レ衆《ヲ》為《たルヲ》レ利**哉**《や》」の意味として最も適当なものを一つ選べ。

（98センター本試Ⅰ・Ⅱ 問4）

① 少ない兵力で多くの敵を攻める方が効率がよいということを知らなかったわけではない
② 少ない兵力で多くの敵を攻める方が原則にかなっているということを知らなかったわけではない
③ 少ない兵力で多くの敵を攻める方が効率がよいということを知らなかったのではないか
④ 少ない兵力で多くの敵を攻める方が原則にかなっているということを知らなかったのではないか
⑤ 少ない兵力で多くの敵を攻める方が困難を伴うものであるということを知らなかったわけではない

57

「**詎**《なんゾ》知《ランヤ》、薫染《くんせんスルコト》既《ニ》深《ク》、後雖《モ》レ欲《スト》レ進《マント》二乎杜《ニ》一、也《まタ》可《キカヲ》レ得**乎**」の解釈として最も適当なものを一つ選べ。

（10センター本試 問2）

① 詩を学ぶ者は、宋代・明代の詩や晩唐の詩の影響をすでに色濃く受けていることを知っているので、のちに自分から杜詩を学ぼうとはしないのだ。
② 詩を学ぶ者は、宋代・明代の詩や晩唐の詩の影響をすでに色濃く受けてはいても、のちに杜詩を学べばまた得るところがあるのを知らないのだ。
③ 詩を学ぶ者は、宋代・明代の詩や晩唐の詩の影響をすでに色濃く受けてしまっているが、のちに杜詩を学ぼうとするのに何の妨げもないことを知らないのだ。
④ 詩を学ぶ者は、宋代・明代の詩や晩唐の詩の影響をすでに色濃く受けてしまっていることを知らないので、のちに杜詩を学ぼうとしても、もはや得るところはないのだ。
⑤ 詩を学ぶ者は、宋代・明代の詩や晩唐の詩の影響をすでに色濃く受けてしまっているので、のちに杜詩を学ぼうとしても、もはやできなくなっていることを知らないのだ。

58「則其求㆑之也、**曷**嘗不㆑貴㆓於敏㆒**乎**」について(i)書き下し文・(ii)その解釈として最も適当なものを、それぞれ一つずつ選べ。　(11センター本試 問3)

(i)　書き下し文

① 則ち其の之を求むるなり、曷《なん》ぞ嘗て敏より貴ばざらんや
② 則ち其の之を求むるなり、曷ぞ嘗て敏を貴ばざるや
③ 則ち其の之を求むるや、曷ぞ嘗て敏より貴ばざるや
④ 則ち其の之を求むるや、曷ぞ嘗て敏を貴ばざらんや
⑤ 則ち其の之を求むるや、曷ぞ嘗て敏に貴ばれざらんや

(ii)　解釈

① そうだとすると、孔子が古《いにしえ》の教えを追求するに当たって、どうして「敏」により貴ばれなかったことがあろうか。
② それだからこそ、孔子は古の教えを追求したのであるが、どうして「敏」よりも貴ばなかったことがあろうか。
③ そうだとすると、孔子が古の教えを追求するに当たって、どうして「敏」を貴ばなかったことがあろうか。
④ それだからこそ、孔子は古の教えを追求したのであるが、なぜ「敏」を貴ばなかったのであろうか。
⑤ そうだとすると、孔子が古の教えを追求するに当たって、なぜ「敏」よりも貴ばなかったのであろうか。

59 「汝為レ人、**何黄之有**」の書き下し文として最も適当なものを一つ選べ。 (12センター本試 問6)

① 汝の人と為《な》り、何《いづ》れの黄の有るや
② 汝は人の為《ため》に、何《なん》ぞ黄の之《こ》れ有らん
③ 汝は人為《た》り、何《なん》の黄か之《こ》れ有らん
④ 汝は人を為《つく》りて、何《なに》をか黄の有るや
⑤ 汝の人を為《をさ》むるや、何《いづ》れに黄の之《ゆ》く有るか

60 「人子**何必**親生」の解釈として最も適当なものを一つ選べ。 (15センター本試 問5)

① 子というものは、いつまでも親元にいるべきではない。
② 子というものは、必ずしも親の思い通りにはならない。
③ 子というものは、どのようにして育ててゆけば良いのか。
④ 子というものは、自分で産んだかどうかが大事なのではない。
⑤ 子というものは、いつまでも親の気を引きたいものだ。

61　「耳目心志之所《ノ》レ及《ブ》者、**其《レ》能《ク》幾何《いくばくゾ》**」の解釈として最も適当なものを一つ選べ。　（23共通テスト追試 問4）

① 君主の見聞や思慮が及ぶ範囲は決して広くない。
② 天下の人々の見聞や思慮が及ぶ範囲は君主以上に広い。
③ 天下の人々の感覚や思慮が及ぶ範囲は狭くなってしまう。
④ 君主の感覚や思慮が及ぶ対象はとても数え切れない。
⑤ 天下の人々の感覚や思慮が及ぶ対象は千差万別である。

☆詠嘆形

62　「**何《ゾ》其《レ》**暴《ニシテ》而不敬《ナル》 **也**（王が申公子培を怒って言った言葉）」の意味内容として最も適当なものを一つ選べ。　（00センター本試Ⅰ・Ⅱ 問2）

① なぜ申公子培は粗暴で無礼なことをするのだろうか
② なぜ随児《ずいじ》は強暴で馴《な》れ親しまないのだろうか
③ なんと申公子培は粗暴で無礼なことか
④ なんと随児は強暴で馴れ親しまないことか
⑤ どうして申公子培が粗暴で無礼だといえようか
⑥ どうして随児が強暴で馴れ親しまないといえようか

63 「**不㆓亦宜㆒乎**」の読み方として最も適当なものを一つ選べ。（93センター追試 問3）

① またよろしからず
② またむべならずや
③ またもむべならざらん
④ またよろしくせざるなし
⑤ またもよろしくすべからざるなり

64 「**不㆓亦太浅易㆒耶**」の書き下し文と現代語訳との組合せとして最も適当なものを一つ選べ。（12センター追試 問2）

① ［書き下し文］ 亦《ま》た太《はなは》だしくは浅易ならざるか
［現代語訳］ それほど安直なわけでもないのか。
② ［書き下し文］ 亦た太だしくは浅易ならずや
［現代語訳］ なんとあまりにも安直ではないか。
③ ［書き下し文］ 亦たも太だ浅易にあらざるか
［現代語訳］ それほど安直なわけでもないのか。
④ ［書き下し文］ 亦た太だ浅易ならずや
［現代語訳］ なんとあまりにも安直ではないか。
⑤ ［書き下し文］ 亦たも太だしくは浅易ならざるか
［現代語訳］ それほど安直なわけでもないのか。

65 「**豈不以貴賤相懸、朝野相隔、堂遠於千里、門深於九重**」（なんと貴賤が互いにかけ離れており、朝廷と民間が互いに隔たっており、君主の執務する場所が千里よりも遠くにあり、王城の門が天子の宮殿よりも奥深いところにあるからではないか）の返り点の付け方と書き下し文との組合せとして最も適当なものを一つ選べ。

（23共通テスト本試 問3）

① 豈不レ以二貴賤相懸一、朝野相隔、堂遠二於千里一、門深二於九重一
豈に貴賤相懸たるを以てならずして、朝野相隔《あひへだ》たり、堂は千里よりも遠く、門は九重よりも深きや

② 豈不レ以二貴賤相懸、朝野相隔一、堂遠二於千里一、門深二於九重一
豈に貴賤相懸たり、朝野相隔たるを以てならずして、堂は千里よりも遠く、門は九重よりも深きや

③ 豈不レ以三貴賤相懸、朝野相隔、堂遠二於千里一、門深二於九重一
豈に貴賤相懸たり、朝野相隔たり、堂は千里よりも遠きを以てならずして、門は九重よりも深きや

④ 豈不下以三貴賤相懸、朝野相隔、堂遠二於千里一、門深中於九重上
豈に貴賤相懸たり、朝野相隔たり、堂は千里よりも遠きを以て、門は九重よりも深からずや

⑤ 豈不レ以下貴賤相懸、朝野相隔、堂遠二於千里一、門深中於九重上
豈に貴賤相懸たり、朝野相隔たり、堂は千里よりも遠く、門は九重よりも深きを以てならずや

熟語問題過去問

読み方と（　）内に文中の意味を補足したところがある。

1　「辞《じス》（ことわる意）」と同じ意味の「辞」を含む熟語はどれか。最も適当なものを一つ選べ。（79共通一次追試）

①言辞　②辞令　③修辞　④固辞　⑤訓辞　⑥辞去

2　「居易《きよい》」の「易」と同じ音で読む易の字を含む熟語を三つあげるとすればどれか。その組合せとして最も適当なものを一つ選べ。（80共通一次本試）

①安易　難易　変易　②安易　改易　容易　③簡易　不易　変易
④簡易　難易　平易　⑤改易　交易　貿易　⑥交易　不易　容易

3　「如《シ》レ故《もとノ》」の「故」と同じ意味の「故」を含む熟語はどれか。最も適当なものを一つ選べ。（81共通一次追試）

①事故　②物故　③世故　④故郷　⑤故実　⑥故買

4　「強《しフ》」・「負《おフ》」と異なる意味の「強」・「負」を含む熟語を、それぞれ一つずつ選べ。（83共通一次本試）

(ア)「強」　①強要　②強制　③強奪　④勉強　⑤強硬
(イ)「負」　①抱負　②勝負　③自負　④負担　⑤負債

5 「本《トス》レ能《ヲ》」とは、「才能をよりどころとする」という意味であるが、これを現代の熟語として「本能」と読むと全く意味内容の異なったものになる。このような性質を持つ現代の熟語はどれか。最も適当なものを一つ選べ。（85共通一次本試）

①合格　②施政　③作家　④挑戦　⑤募金　⑥救災

6 「経《ふ》（へる意）」・「亡《にグ》」と同じ意味の「経」・「亡」を含む熟語を、それぞれ一つずつ選べ。（86共通一次追試）

(ア)「経」　①経営　②経由　③経世　④経緯　⑤経典

(イ)「亡」　①滅亡　②存亡　③死亡　④逃亡　⑤興亡

7 「悪《にくメバ》レ不《ルヲ》レ衷《ナラ》也」の「悪」と同じ意味の「悪」を含む熟語を一つ選べ。（88共通一次追試）

①好悪　②険悪　③害悪　④悪習　⑤悪徳

8 「自責」と同じ構造を持つ熟語を一つ選べ。（89共通一次本試）

①自身　②自然　③自薦　④自動　⑤自由

9

「曲直」の「曲」と同じ意味の「曲」を含む熟語を一つ選べ。

①曲調　②曲技　③曲学　④戯曲　⑤委曲

（89共通一次追試）

10

「謝《しゃス》（あやまる意）」と同じ意味の「謝」を含む熟語を一つ選べ。

①陳謝　②感謝　③代謝　④謝絶　⑤謝恩　⑥謝礼

（89センター試行）

11

「卒然（にわかにの意）」と同じ意味の語はどれか。最も適当なものを一つ選べ。

①当然　②漠然　③偶然　④歴然　⑤突然

（91センター追試）

12

「好（このむ意）」「易（かわる意）」と同じ意味で用いられているのはどれか。それぞれ一つずつ選べ。

(ア)「好」　①愛好　②好評　③好況　④好調　⑤良好

(イ)「易」　①簡易　②交易　③容易　④難易　⑤平易

（96センター本試）

13

「討《たづヌ》」の意味は、ここでは次の熟語のうちのどれにあたるか。正しいものを一つ選べ。

①討論　②討伐　③検討　④征討　⑤討議

（96センター試行Ⅰ）

14　「感《かんズ》（礼を言う意）」の意味を二字の熟語で言い表すとすれば、どれが最も適当か。一つ選べ。（97センター本試Ⅰ）

①感化　②実感　③感謝　④共感　⑤反感

15　「約《やくス》（とりきめる意）」・「道《いフ》」と同じ意味で用いられている語として最も適当なものを、それぞれ一つずつ選べ。（97センター本試Ⅰ・Ⅱ）

(ア)「約」　①要約　②節約　③倹約　④誓約　⑤簡約

(イ)「道」　①人道　②報道　③道理　④道程　⑤道具

16　「首《まうス》」・「称（ほめる意）」と同じ意味で用いられている語として最も適当なものを、それぞれ一つずつ選べ。（97センター追試Ⅰ・Ⅱ）

(ア)「首」　①部首　②首位　③斬首　④首肯　⑤自首

(イ)「称」　①敬称　②称賛　③対称　④称号　⑤呼称

17　「自《みづかラ》」・「与《あづかル》」のそれぞれの本文中の意味を二字の熟語で言い表すとすれば、どれが最も適当か。それぞれ一つずつ選べ。（99センター追試Ⅰ）

(ア)「自」　①自然　②自由　③自身　④自在　⑤自明

(イ)「与」　①贈与　②関与　③貸与　④授与　⑤給与

18 「測《はかル》（おしはかる意）」・「放《はなツ》（ときはなつ意）」のそれぞれの本文中の意味を二字の熟語で言い表すとすれば、どれが最も適当か。それぞれ一つずつ選べ。（00センター本試Ⅰ）

(ア)「測」 ① 実測 ② 測定 ③ 推測 ④ 目測 ⑤ 計測

(イ)「放」 ① 追放 ② 解放 ③ 放棄 ④ 放置 ⑤ 放任

19 「中《あツ》」・「師《し》（軍隊の意）」と同じ意味で用いられている語として最も適当なものを、それぞれ一つずつ選べ。（00センター本試Ⅰ・Ⅱ）

(ア)「中」 ① 中枢 ② 道中 ③ 中略 ④ 集中 ⑤ 中毒 ⑥ 夢中

(イ)「師」 ① 師団 ② 法師 ③ 師事 ④ 京師 ⑤ 師匠 ⑥ 薬師

20 「称（ほめる意）」・「精（くわしい意）」について、本文中と同じ意味で使われている熟語として最も適当なものを、それぞれ一つずつ選べ。（02センター本試Ⅰ）

(ア)「称」 ① 称号 ② 称賛 ③ 詐称 ④ 通称 ⑤ 対称

(イ)「精」 ① 精神 ② 精進 ③ 精励 ④ 精密 ⑤ 精彩

21　「引（例をあげる意）」・「息（ため息の意）」と同じ意味で用いられている語として最も適当なものを、それぞれ一つずつ選べ。
（02センター本試Ⅰ・Ⅱ）

(ア)「引」　①引責　②引退　③引率　④引見　⑤引用

(イ)「息」　①利息　②安息　③嘆息　④息災　⑤息女

22　「長（育つ意）」・「謝《しやす》（あやまる意）」と同じ意味で用いられている語として最も適当なものを、それぞれ一つずつ選べ。
（02センター追試Ⅰ・Ⅱ）

(ア)「長」　①延長　②首長　③成長　④冗長　⑤悠長

(イ)「謝」　①謝恩　②謝絶　③代謝　④陳謝　⑤薄謝

23　「出（〜から作られる意）」・「余（のこっている意）」と同じ意味の「出」「余」を含む熟語として最も適当なものを、それぞれ一つずつ選べ。
（03センター本試Ⅰ・Ⅱ）

(ア)「出」　①出帆　②出藍　③出師　④出奔　⑤出資

(イ)「余」　①余裕　②余念　③余人　④余熱　⑤余暇

24 「過（あやまちの意）」・「難（わざわいの意）」について、本文中と同じ意味で使われている熟語として最も適当なものを、それぞれ一つずつ選べ。

(ア)「過」 ①過敏 ②過去 ③過労 ④過剰 ⑤過失

(イ)「難」 ①災難 ②非難 ③難解 ④難病 ⑤難易

（03センター追試Ⅰ）

25 「挙（こぞっての意）」・「簡（手紙の意）」と同じ意味の「挙」「簡」を含む熟語として最も適当なものを、それぞれ一つずつ選べ。

(ア)「挙」 ①挙動 ②挙国 ③挙手 ④選挙 ⑤快挙

(イ)「簡」 ①簡略 ②簡潔 ③簡便 ④繁簡 ⑤書簡

（04センター本試Ⅰ）

26 「易《やすシ》」・「経《ヘル》」と同じ意味の「易」「経」を含む熟語として最も適当なものを、それぞれ一つずつ選べ。

(a)「易」 ①交易 ②易占 ③簡易 ④易学 ⑤改易

(b)「経」 ①政経 ②経常 ③写経 ④経路 ⑤経緯

（05センター追試Ⅰ・Ⅱ）

27 「援《ひク》」と同じ意味の「援」を含む熟語として最も適当なものを、次の①～⑤のうちから一つ選べ。

①援助 ②応援 ③援用 ④支援 ⑤援軍

（06センター追試）

28 「手（自分で）」・「致（もってくる）」と同じ意味の「手」「致」を含む熟語として最も適当なものを、それぞれ一つずつ選べ。（13センター本試）

(1)「手」 ①名手 ②挙手 ③手記 ④手腕 ⑤手法

(2)「致」 ①筆致 ②招致 ③極致 ④風致 ⑤一致

29 「久レ之（しばらくの間～する）」・「添（つけくわえる）」の意味を表す熟語として最も適当なものを、それぞれ一つずつ選べ。（13センター追試）

(1)「久レ之」 ①漸次 ②常時 ③往往 ④頻繁 ⑤暫時

(2)「添」 ①加減 ②補充 ③固定 ④付加 ⑤成立

30 「文敏停《とどメテ》レ輿《ヲ》問《ヘバ》レ故《ヲ》」の「故」の意味として最も適当なものを一つ選べ。（17センター追試）

①罪状 ②意図 ③故郷 ④理由 ⑤事件

3

	解答欄								
	1	2	3	4	5	6	7	8	9
1	①	②	③	④	⑤	⑥	⑦	⑧	⑨
2	①	②	③	④	⑤	⑥	⑦	⑧	⑨
3	①	②	③	④	⑤	⑥	⑦	⑧	⑨
4	①	②	③	④	⑤	⑥	⑦	⑧	⑨
5	①	②	③	④	⑤	⑥	⑦	⑧	⑨
6	①	②	③	④	⑤	⑥	⑦	⑧	⑨
7	①	②	③	④	⑤	⑥	⑦	⑧	⑨
8	①	②	③	④	⑤	⑥	⑦	⑧	⑨
9	①	②	③	④	⑤	⑥	⑦	⑧	⑨
10	①	②	③	④	⑤	⑥	⑦	⑧	⑨
11	①	②	③	④	⑤	⑥	⑦	⑧	⑨

4

	解答欄								
	1	2	3	4	5	6	7	8	9
1	①	②	③	④	⑤	⑥	⑦	⑧	⑨
2	①	②	③	④	⑤	⑥	⑦	⑧	⑨
3	①	②	③	④	⑤	⑥	⑦	⑧	⑨
4	①	②	③	④	⑤	⑥	⑦	⑧	⑨
5	①	②	③	④	⑤	⑥	⑦	⑧	⑨
6	①	②	③	④	⑤	⑥	⑦	⑧	⑨
7	①	②	③	④	⑤	⑥	⑦	⑧	⑨
8	①	②	③	④	⑤	⑥	⑦	⑧	⑨
9	①	②	③	④	⑤	⑥	⑦	⑧	⑨
10	①	②	③	④	⑤	⑥	⑦	⑧	⑨
11	①	②	③	④	⑤	⑥	⑦	⑧	⑨

5

	解答欄								
	1	2	3	4	5	6	7	8	9
1	①	②	③	④	⑤	⑥	⑦	⑧	⑨
2	①	②	③	④	⑤	⑥	⑦	⑧	⑨
3	①	②	③	④	⑤	⑥	⑦	⑧	⑨
4	①	②	③	④	⑤	⑥	⑦	⑧	⑨
5	①	②	③	④	⑤	⑥	⑦	⑧	⑨
6	①	②	③	④	⑤	⑥	⑦	⑧	⑨
7	①	②	③	④	⑤	⑥	⑦	⑧	⑨
8	①	②	③	④	⑤	⑥	⑦	⑧	⑨
9	①	②	③	④	⑤	⑥	⑦	⑧	⑨
10	①	②	③	④	⑤	⑥	⑦	⑧	⑨
11	①	②	③	④	⑤	⑥	⑦	⑧	⑨

6

	解答欄								
	1	2	3	4	5	6	7	8	9
1	①	②	③	④	⑤	⑥	⑦	⑧	⑨
2	①	②	③	④	⑤	⑥	⑦	⑧	⑨
3	①	②	③	④	⑤	⑥	⑦	⑧	⑨
4	①	②	③	④	⑤	⑥	⑦	⑧	⑨
5	①	②	③	④	⑤	⑥	⑦	⑧	⑨
6	①	②	③	④	⑤	⑥	⑦	⑧	⑨
7	①	②	③	④	⑤	⑥	⑦	⑧	⑨
8	①	②	③	④	⑤	⑥	⑦	⑧	⑨
9	①	②	③	④	⑤	⑥	⑦	⑧	⑨
10	①	②	③	④	⑤	⑥	⑦	⑧	⑨
11	①	②	③	④	⑤	⑥	⑦	⑧	⑨

7

	解答欄								
	1	2	3	4	5	6	7	8	9
1	①	②	③	④	⑤	⑥	⑦	⑧	⑨
2	①	②	③	④	⑤	⑥	⑦	⑧	⑨
3	①	②	③	④	⑤	⑥	⑦	⑧	⑨
4	①	②	③	④	⑤	⑥	⑦	⑧	⑨
5	①	②	③	④	⑤	⑥	⑦	⑧	⑨
6	①	②	③	④	⑤	⑥	⑦	⑧	⑨
7	①	②	③	④	⑤	⑥	⑦	⑧	⑨
8	①	②	③	④	⑤	⑥	⑦	⑧	⑨
9	①	②	③	④	⑤	⑥	⑦	⑧	⑨
10	①	②	③	④	⑤	⑥	⑦	⑧	⑨
11	①	②	③	④	⑤	⑥	⑦	⑧	⑨

8

	解答欄								
	1	2	3	4	5	6	7	8	9
1	①	②	③	④	⑤	⑥	⑦	⑧	⑨
2	①	②	③	④	⑤	⑥	⑦	⑧	⑨
3	①	②	③	④	⑤	⑥	⑦	⑧	⑨
4	①	②	③	④	⑤	⑥	⑦	⑧	⑨
5	①	②	③	④	⑤	⑥	⑦	⑧	⑨
6	①	②	③	④	⑤	⑥	⑦	⑧	⑨
7	①	②	③	④	⑤	⑥	⑦	⑧	⑨
8	①	②	③	④	⑤	⑥	⑦	⑧	⑨
9	①	②	③	④	⑤	⑥	⑦	⑧	⑨
10	①	②	③	④	⑤	⑥	⑦	⑧	⑨
11	①	②	③	④	⑤	⑥	⑦	⑧	⑨

＊練習用マークシート

1	解答欄								
	1	2	3	4	5	6	7	8	9
1	①	②	③	④	⑤	⑥	⑦	⑧	⑨
2	①	②	③	④	⑤	⑥	⑦	⑧	⑨
3	①	②	③	④	⑤	⑥	⑦	⑧	⑨
4	①	②	③	④	⑤	⑥	⑦	⑧	⑨
5	①	②	③	④	⑤	⑥	⑦	⑧	⑨
6	①	②	③	④	⑤	⑥	⑦	⑧	⑨
7	①	②	③	④	⑤	⑥	⑦	⑧	⑨
8	①	②	③	④	⑤	⑥	⑦	⑧	⑨
9	①	②	③	④	⑤	⑥	⑦	⑧	⑨
10	①	②	③	④	⑤	⑥	⑦	⑧	⑨
11	①	②	③	④	⑤	⑥	⑦	⑧	⑨

2	解答欄								
	1	2	3	4	5	6	7	8	9
1	①	②	③	④	⑤	⑥	⑦	⑧	⑨
2	①	②	③	④	⑤	⑥	⑦	⑧	⑨
3	①	②	③	④	⑤	⑥	⑦	⑧	⑨
4	①	②	③	④	⑤	⑥	⑦	⑧	⑨
5	①	②	③	④	⑤	⑥	⑦	⑧	⑨
6	①	②	③	④	⑤	⑥	⑦	⑧	⑨
7	①	②	③	④	⑤	⑥	⑦	⑧	⑨
8	①	②	③	④	⑤	⑥	⑦	⑧	⑨
9	①	②	③	④	⑤	⑥	⑦	⑧	⑨
10	①	②	③	④	⑤	⑥	⑦	⑧	⑨
11	①	②	③	④	⑤	⑥	⑦	⑧	⑨

受験番号を記入し，その下のマーク欄にマークしなさい。

受験番号欄				
千位	百位	十位	一位	英字
―	⓪	⓪	⓪	Ⓐ
①	①	①	①	Ⓑ
②	②	②	②	Ⓒ
③	③	③	③	Ⓗ
④	④	④	④	Ⓚ
⑤	⑤	⑤	⑤	Ⓜ
⑥	⑥	⑥	⑥	Ⓡ
⑦	⑦	⑦	⑦	Ⓤ
⑧	⑧	⑧	⑧	Ⓧ
⑨	⑨	⑨	⑨	Ⓨ
―	―	―	―	Ⓩ

マーク例

良い例	悪い例
●	⊙ ⊗ ◐ ○

注意事項

1 訂正は，消しゴムできれいに消し，消しくずを残してはいけません。
2 所定欄以外にはマークしたり，記入したりしてはいけません。
3 汚したり，折りまげたりしてはいけません。

氏名・フリガナ，試験場コードを記入しなさい。

フリガナ	
氏　名	

試験場コード	十万位	万位	千位	百位	十位	一位

短《たん》期《き》攻略《こうりゃく》 大学入学共通《だいがくにゅうがくきょうつう》テスト 漢文《かんぶん》〈改訂版《かいていばん》〉

著　　者　久《く》　我《が》　昌《まさ》　則《のり》
　　　　　水《みず》　野《の》　正《まさ》　明《あき》

発 行 者　山　﨑　良　子

印刷・製本　日経印刷株式会社

発　行　所　駿台文庫株式会社

〒101－0062　東京都千代田区神田駿河台1－7－4
小畑ビル内
TEL. 編集 03(5259)3302
販売 03(5259)3301
《改①－224pp.》

ISBN978－4－7961－2396－9　Printed in Japan

駿台文庫 Web サイト
https://www.sundaibunko.jp

駿台受験シリーズ

短期攻略

大学入学共通テスト

漢文 改訂版

久我昌則・水野正明　共著

解答・解説編

駿台文庫

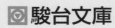

目次

第1問

『呂氏春秋』

解答

設問	配点	解答番号	正解	自己採点欄
1	各4点	1	④	
		2	④	
2	6点	3	②	
3	6点	4	②	
4	6点	5	④	
5	6点	6	③	
6	6点	7	⑤	
7	7点	8	④	
合計				／45点

出典

『呂氏春秋《りょししゅんじゅう》』巻十八・審応覧・精諭

秦の呂不韋《りょふい》が食客たちに編纂させたもの。戦国末期の儒家、道家、墨家、法家、農家などの諸家の説を含む雑家の書。呂不韋はこの書を咸陽の城門に置き、一字でも増減できる者があれば千金を与えると言ったが、誰もできなかったと伝えられている。

問題文は、**【文章Ⅰ】**も**【文章Ⅱ】**も同じ「精諭」の一節からの出題。「精」は「微」、「諭」は「悟」の意味。「精諭」とは精妙な奥深い方法で人の心を悟ること。「精言」は「微言」と同じ意味で、「精妙な奥深い言葉・遠回しに言う忠告」「ひそかに話す」などの意味。聖人などの優れた人物は、相手が何も言わなくとも心の内を理解できることを述べ、言葉の極致は「不言」であると説く。

全体の構成

まずは、本文をしっかり読んで内容を理解すること。何度も繰り返し読んで本文の意味を理解するようにしよう。

【文章Ⅰ】は、序論・本論・結論のまとまりを読み取るようにする。

斉の桓公が覇者として盟約を結ぶとき、衛国の人々が遅れてやってきた。これを怒った桓公は、管仲と衛国討伐を計画した。
――**【序論】**

夫人の衛姫は、桓公の足取りや気迫から衛国討伐の計画に気が付いた。また、管仲は、桓公の表情や声の調子から衛国討伐の中止を察した。桓公は衛姫と管仲の優れた洞察力から二人を信頼できる優れた人物であると考えた。
――**【本論】**

桓公が言葉に出さず、隠していた心の中を見抜いた二人は、観察力・洞察力に優れた人物である。
――**【結論】**

【文章Ⅱ】は、勝書と周公旦との会話でできている。

勝書が周公旦に「静かに話すか、声高に話すか」と問う。それに対して周公旦は「静かに話せ」と答える。朝廷は狭く人が多いので、静かに話すならば聞こえない。さらに、勝書が「遠回しに話すか。話さずにいるか」を問う。周公旦は「話すな」と答える。勝書は何も話さないが語ることができ、周公旦は何も言われなくとも聴くことができた。これを不言の聴という。聖人である周公旦は、優れた洞察力を持った人物であることを示している。

読み方

（ルビについて、音読みは現代仮名遣いにより片仮名、訓読みは歴史的仮名遣いにより平仮名で表記。）

【文章Ⅰ】

斉《セイ》の桓公《カンコウ》諸侯《ショコウ》を合《ガッ》するや、衛人後《エイひとおく》れて至《いた》る。公朝《コウチョウ》して管仲《カンチュウ》と衛《エイ》を伐《う》たんことを謀《はか》る。朝《チョウ》を退《しりぞ》きて入《い》るに、衛姫君《エイキきみ》を望見《ボウケン》し、堂《ドウ》を下《お》りて再拝《サイハイ》し、衛君《エイクン》の罪《つみ》を請《こ》ふ。公曰《コウい》はく、「吾衛《われエイ》に於《お》いて故《こと》無《な》し、子《シ》曷為《なんす》れぞ請《こ》ふ」と。対《こた》へて曰《い》はく、「妾君《ショウきみ》の入《い》るを望《のぞ》むや、足高《あしたか》く気彊《キつよ》く、国《くに》を伐《う》つの志《こころざし》有《あ》るなり。妾《ショウ》を見《み》て動色《ドウショク》有《あ》り、衛《エイ》を伐《う》たんとするなり」と。明日君朝《メイジツきみチョウ》し、管仲《カンチュウ》を揖《ユウ》して之《これ》を進《すす》む。管仲曰《カンチュウい》はく、「君衛《きみエイ》を舎《ゆる》さんか」と。公曰《コウい》はく、「仲父安《チュウホいづ》くんぞ之《これ》を識《し》る」と。管仲曰《カンチュウい》はく、「君《きみ》の朝《チョウ》に揖《ユウ》するや恭《キョウ》にして、言《い》ふや徐《しづ》かなり、臣《シン》を見《み》るに慙色《ザンショク》有《あ》り、臣是《シンここ》を以《もつ》て之《これ》を知《し》る」と。君曰《きみい》はく、「善《よ》し。仲父《チュウホ》は外《そと》を治《をさ》め、夫人《フジン》は内《うち》を治《をさ》む。寡人終《カジンつひ》に諸侯《ショコウ》の笑《わら》ひと為《な》らざるを知《し》る」と。桓公《カンコウ》の匿《かく》す所以《ゆゑん》の者《もの》は不言《フゲン》なり。今管子《いまカンシ》は乃《すなは》ち容貌音声《ヨウボウオンセイ》を以《もつ》てし、夫人《フジン》は乃《すなは》ち行歩気志《コウホキシ》を以《もつ》てす。桓公言《カンコウい》はずと雖《いへど》も、暗夜《アンヤ》にして燭《ショク》の燎《も》ゆるが若《ごと》きなり。

【文章Ⅱ】

勝書周公旦《ショウショシュウコウタン》に説《と》きて曰《い》はく、「廷小《テイショウ》なるに人衆《ひとおほ》し。徐言《ジョゲン》すれば則《すなは》ち聞《き》こえず、疾言《シツゲン》すれば則《すなは》ち人之《ひとこれ》を知《し》らん。徐言《ジョゲン》せんか、疾言《しつゲン》せんか」と。周公旦曰《シュウコウタンい》はく、「徐言《ジョゲン》せよ」と。勝書曰《ショウショい》はく、「事此《ことここ》に有《あ》り。而《しか》るに之《これ》を精言《セイゲン》すれば而《すなは》ち明《あき》らかならず、之《これ》を言《い》ふこと勿《な》くんば而《すなは》ち成《な》らず。精言《セイゲン》せんか、言《い》ふこと勿《な》からんか」と。周公旦曰《シュウコウタンい》はく、「言《い》ふこと勿《な》かれ」と。故《ゆゑ》に勝書《ショウショ》能《よ》く不言《フゲン》を以《もつ》て説《と》き、而《しか》して周公旦《シュウコウタン》能《よ》く不言《フゲン》を以《もつ》て聴《き》く。此《これ》を之《こ》れ不言《フゲン》の聴《チョウ》と謂《い》ふ。

通釈

【文章Ⅰ】

斉の桓公が覇者として諸侯を集め盟約を結んだとき、衛の人々が遅れてやってきた。（怒った）桓公は朝廷に上って宰相の管仲と衛国を討伐することを計画した。朝廷を退いて（後宮に）入ると、夫人の衛姫が桓公を遠くから見て、堂を下りてきて再拝し、衛君の罪を許してくれるようにお願いした。桓公が言うには、「私は衛に対して何かをしようとは思っていない。お前はどうして許しを請うのか」と。衛姫は答えて言った、「わたくしが殿の入っていらっしゃるのをお見かけしますと、足取りも大きく気も張っていて、他国を討つお気持ちがあらわれておりました。(さらに)わたくしを見てお顔の色が変わりました。(わたくしの故郷の)衛を討つおつもりなのでしょう」と。その翌日、桓公は朝廷に上り、管仲に対して胸の前で両手を組んで会釈して彼を呼び寄せた。管仲は「殿は衛をお許しになりますか」と言った。桓公が「仲父はどうしてそれがわかったのか」と言った。管仲が言うには、「殿が朝廷で会釈の礼をするご様子がいつになく恭しく、もの言いも控えめで、私を見ると恥じている様子がありました。私はこのようなわけでこのことがわかったのでございます」と。桓公は言った、「すばらしい。仲父が表向きのことを治め、夫人が内々のことを治めてくれる。(だから)私は結局諸侯に笑われないですんでいるのがわかったのだ」と。桓公が(自分の心を)隠した手段は、言わないということであった。ところが今、管仲は桓公の表情や声の調子によって、夫人は足取りと気迫によって、桓公の心の内を察したのである。桓公は何も言わなかったけれども、(彼らには)その心の内が闇夜にともしびが燃えるようにはっきりと見えたのであった。

【文章Ⅱ】

勝書が周公旦に語って言った、「朝廷は狭いのに人が多くいます。静かに話すならば(その場合は)聞こえません、声高に話すならば(その場合は)他の人が知ってしまうでしょう。静かに話しましょうか、声高に話しましょうか」と。周公旦は言った、「静かに話せ」と。勝書が言うには、「大切なお話があります。けれども内容を遠回しに話せば(その場合は)わかりません、何も話さなければ(その場合は)どうにもなりません。遠回しに話しましょうか、話さずにいましょうか」と。周公旦は言った、「何も言うな」と。このようだから勝書は何も言わないことによって語ることができ、こうして周公旦は何も言われなくとも聴くことができた。これを不言の聴というのである。

基本句形・語法・語釈

○望見＝「ばうけん」と読み、「遠くから見る」の意味。**「望」**には「遠くをながめる・遠くからながめる」(望遠鏡)、「期待する・望む」(希望)などの意味がある。

○請二衛君之罪一＝**「請罪」**には「自分や人の罪を許してほしいと願い出る」「自分を処罰してほしいと願い出る」の意味がある。ここでは「衛君の罪を許してくれるようにお願いする」という意味になる。

○**対**＝「こたフ」と読み、「答える・お答えする」の意味。

○伐レ衛也＝「衛を伐たんとするなり」と読み、「衛国を討とうとする」の意味。送り仮名の「んとす」は「しようとする・したいと思う・するだろう」の意味。「ん」は推量の助動詞「む」で推量・意志・願望の意味をあらわす。「む」は漢文では「ん」と表記する。

○桓公之所二以匿一者＝**「所以」**は**「AS所二以V一」**（AハSノVスルゆゑんナリ）の構文で、「AはSがVする理由・わけである」「AはSがVする手段・方法である」「AはSがVするため・目的である」「AはSがVするもの・ことである」の意味になる。ここは「手段・方法」の意味になる。

○**今**＝「今現在」「ところが今」「今もし」などの意味がある。

○桓公雖レ不レ言＝**「雖」**には「逆接仮定」（…としても）と「逆接確定」（…けれども）の意味がある。「雖二……一、＝」で「……トいへどモ、＝」と読み、「…」と「＝」が逆接になる。ここは逆接確定「けれども」の意味になる。

○此之謂二不言之聴一＝「之」は「コレ」と読み、強調表現のために倒置をあらわす。代名詞の「之（これ）」ではない。「V（動詞）＋O（目的語）」が倒置されて「O＋之＋V」となり、「OヲこレVス」と読む。このとき「之」には「レ」と送り仮名が付く。ここは「謂《フ》二此《ヲ》不言之聴《ト》一」の倒置で強調構文となっている。

解説

問１ 正解 (ア)＝④ (イ)＝④ 語彙問題―語句の読み。

(ア) **「与」**は漢文の基本的な多義語の一つ。多義語とは多くの意味を持っている漢字のこと。漢和辞典で確認して覚えておこう。ここは「与二管仲一」で「管仲**と**」と読み、「管仲と・管仲とともに」の意味。「A与レB」を「ABと」と読むときは「AはBと」の意味になり、「A与《ト》レB」を「AトBと」と読むときは「AとBと」という並列の意味になる。

「与」には「くみス（味方する）」「あづカル（関係・関与する）」「あたフ（与える）」「ともニス」「と」「より」「や・か・かな」「ともニ」「ためニ」などの読みがある。

(イ) **「是以」**は**「ここヲもつテ」**と読み、「だから」という文と文をつなぐ接続詞的な意味になる。**「於《イテ》レ是《ニ》」**も**「ここニおイテ」**と読み「そこで」という意味になる。「是」を「ここ」と読むときには接続的な意味になる。また、**「以レ是」**は**「これヲもつテ」**と読み、「これを・これで・これによって・これのために」などの意味になる。このとき「是」は「これ」と読み、代名詞となる。この意味の違いは**「以」の用法**（手段方法・原因理由・目的語の強調）による。

問２ 正解＝② 意味内容を問う問題。

まず、選択肢を見る前に傍線部の意味を考えよう。

ここは、衛国討伐を衛姫に見抜かれていたことを不思議に思い、その理由を尋ねる桓公の発言である。後半の「子曷為請」の**「子」**は、桓公が衛姫に呼びかけた二人称で「お前・あなた」の意味。**「曷為」**は**「なんすレゾ」**と読み、原因理由を問う疑問副詞で「どうして・なぜ」の意味。**「何為」「奚為」「胡為」**も**「なんすレゾ」**と読み、同じ意味になる。後半は「お前はどうして許しを請うのか」という意味であることが選択肢からもわかる。

「於」は、普通は置き字として読まないが、**「於＋名詞＋動詞」**の時は「名詞ニおイテ動詞ス」のように「於」を「おイテ」と読み、「名詞に対して動詞する」という意味になる。

「故」は、名詞では**「こと」**と読んで「出来事・事故・わざわい・うらみ」「ことがら・しごと」「たくらみ」、**「ゆゑ」**と読んで「原因・理由・わけ」などの意味がある。ここでは衛国に対する「うらみ・たくらみ」という意味。逐語訳すれば、「私には衛国に対してうらみ・たくらみはない」との意味になる。これに補足説明を加えて書き換えると、「衛国に対して何かをしようとは思っていない」「衛国に対して何もしない」「衛国を討伐するつもりはない」という意味になる。

漢文での解釈や意味を問う設問では、逐語訳のままではなく語句の書き換えや補足説明がおこなわれる。

以上から、②の「私は衛国に対して何かをしようとは思っていない、お前はどうして許しを請うのか」が正解となる。

問3　正解＝②　返り点と書き下し文の問題。

基本句形・語法を手がかりにして意味を考えて書き下し文を考える。

ここは、管仲が桓公に「衛国をお許しになりますか」と尋ねたのに対して、桓公が答える場面。

「安」は、**「いづクンゾ」**と読み、「どうして・なぜ」という原因・理由を問う疑問副詞、また**「いづクニ（カ）」**と読むと「どこに」と場所を問う疑問副詞になる。疑問・反語をあらわすが、次に管仲の答えがあるので疑問文と考えることができる。ここは、桓公が「どうしてわかったのか」と管仲に尋ねていることになる。疑問は連体形で結ぶので、「ちうほいづくんぞこれをしる」と読んでいる②が正解。

疑問は連体形で結ぶか、連体形に「か」「や」を付けて結ぶ。「んや」で結ぶと必ず反語になる。「なんぞ」「いづくんぞ」のように「ぞ」を伴う疑問副詞のときは、「連体形」か「や」で結び、「か」で結ぶことはない。

「寧・安・悪・烏・焉」は**「いづクンゾ」**と読み「どうして」の意味になり、「寧」だけは反語のみ、ほかは疑問・反語になる。さらに**「安・悪・烏・焉」**は**「いづクニ（カ）」**とも読み「どこに」の意味になり、疑問が多い。

問4　正解＝④　書き下し文と解釈の問題。

基本句形を手がかりに文構造（SVOC）から意味を考えて書き下し文にする。

基本句形を正しく読み、動詞からSVOCの構造を捉え、語句・多義語の意味を文脈にあわせて考え、解釈・書き下し文を作ってゆく。

「寡人」は**「くわじん」**と読み、「私・わたくし」の意味で、「王・侯の自称・謙称」をあらわす。「寡」は「少ない」（すくなシ）の意で、「寡人」は「徳の少ない人」の意味から謙遜した言い方になる。「寡」には「多寡」「寡婦」などの熟語がある。

「知」は必ず目的語（O）をとる他動詞として「わかる・知る」の意味。直後の「終不レ為二諸侯笑一」が目的語になり、「寡人」を主語（S）として「S＋V＋O」の構造になる。

「終」は「つひニ」と読み、「とうとう結局」という意味になり「終了」をあらわす。**「卒・竟」**も同じ読み・意味になる。また、**「遂」**も「つひニ」と読むが「結局そのまま」という「継続」の意味をあらわす。

「不レ為二諸侯笑一」は「受身」の意になる。**受身の句形「S為二A所一レV」**は**「S（ハ）AのVスルところトなル」**と読み、**「SはAにVされる」**という意味になる。「所」は対象を表し「AのVする対象になる」という内容から受身になる。「AにVせらるる所と為る」などとは読まない。ここの「不レ為二諸侯笑一」は、その「所」が省略された受身になる。**「S為二AN一」**で**「S（ハ）AノNトなル」**と読む。このとき「N」は名詞となる。「不レ為二諸侯笑一」は「諸侯の笑ひと為らず」と読み、「諸侯に笑われない」という受身の意味になる。なお、「為」を受身の助動詞「る・らル」で読み、「諸侯に笑はれず」と読んでもよい。

以上から、「寡人終に諸侯の笑ひと為らざるを知る」と書き下し、「私は結局諸侯に笑われないですんでいるのがわかったのだ」と解釈している④が正解。

問5　正解＝③　比喩説明の問題。

比喩の意味を考えて、具体的に何を喩えているのかを考える。

「若二」は、下から返って**「体言＋ノ＋ごとシ」「連体形＋ガ＋ごとシ」**と比況の助動詞で読むとき、「…のようである・と同じである」という意味になる。「暗夜にして燭の燎ゆる」とは「闇夜にともしびが燃える」という意味。暗闇の中で灯りがともってそこだけ明るくなり、はっきりとものが見える状態をあらわしている。これがどのようなことを喩えているかを考える。直前の「桓公雖レ不レ言」は「桓公は何も言わなかったけれども」という意味になることから、桓公が何も言わずに心の内に隠している状態を「暗夜」と喩えているのがわかる。さらに桓公の心の内は、「燭の燎ゆる」かのようにはっきりと態度や表情に出てしまっていたのである。それを衛姫と管仲は見逃さなかった。

以上から正解は③となる。

問6　正解＝⑤　解釈の問題。

返り点・送り仮名付きの一文を解釈するには、基本句形・語法や文構造（SVO）に注意しながら、返り点どおりに読み下してみる。このとき送り仮名に気を付けて意味を考えてゆく。漢文は送り仮名で文意を表現しているので大きな手掛

かりとなる。

まず、返り点どおりに書き下し文にすると「徐言すれば則ち聞こえず、疾言すれば則ち人之を知らん」となる。「徐言」と「疾言」は、選択肢から「静かに話す」と「声高に話す」の意味であることがわかる。

つぎに、「徐言すれば」「疾言すれば」の部分は「已然形＋ば」で読んでいる。**漢文では「未然形＋ば」は仮定条件（ならば）となり、「已然形＋ば」は仮定条件か、確定条件（ので・ところ）になる。**ここでは「静かに話す」「声高に話す」のは仮定の話であり、実際に話したわけではない。両方とも仮定条件で解釈すればよい。このとき「則」は「すなはチ」と読み、強調の意味で「その場合は・そのときは・つまり」などの意味になる。「則」が仮定の意味を表すわけではない。次の行の「精言之而不明、」の「而」も「すなはチ」と読んでいるが、この「則」と同じ意味になる。ここは「静かに話すならば（その場合は）」「声高に話すならば（その場合は）」と解釈できる。

また勝書は、「朝廷が狭く人が多い」ことを述べている。まわりに気を遣って「静かに話すならば聞こえない」、さらに「声高に話すならば他の人が知るだろう」と言っているのである。このことから⑤が正解となる。

問7　正解＝④　内容説明の問題。

二つの文章の内容に関わる語句を通じて、両方の文章の内容理解を問うている。本文をしっかり読んで、共通のテーマを読み取る必要がある。

両方の本文内容から「不言之聴」が共通のテーマと言えるだろう。内容を理解することが必要である。

【文章Ⅰ】では、桓公が覇者として諸侯と盟約を結んだとき、衛国が遅れてやってきた。これに怒った桓公は管仲と相談して衛国を討伐しようとする。それを衛姫は、桓公の足取りや気迫から気が付いた。また、管仲は、桓公の表情や声の調子から桓公が衛国討伐を中止しようとしていることを察した。桓公が口に出さなかったことを、衛姫と管仲は優れた観察力で見抜いたのである。これが「不言の聴」ということになる。

【文章Ⅱ】では、狭い朝廷に多くの人がいるなかで、静かに話したのでは聞こえないのに、周公旦は勝書に静かに話すようにと言う。大切な話があるのに、周公旦は勝書に何も言うなと言う。勝書は何も言わないでも語ることができ、周公旦は何も言われなくとも聴くことができた。これが「不言の聴」というのである。

選択肢の中で事実関係に間違いがなく、「不言の聴」の意味が説明できているもの、その内容が一致しているものを選ぶ。正解は④になる。

第2問 『冥報記』

解答

設問	配点	解答番号	正解	自己採点欄
1	各4点	1	③	
		2	④	
2	6点	3	②	
3	5点	4	④	
4	7点	5	②	
5	6点	6	③	
6	各3点	7・8	①・④※	
7	7点	9	③	
合計				／45点

※解答の順序は問わない。

出典

『冥報記《めいほうき》』 巻下

『冥報記』は唐の唐臨《とうりん》によって編纂された仏教説話集。六五三年（永徽四年）に完成したものと思われる。唐代の一般社会に普及していた仏教思想のうち、因果応報・輪廻転生の話を集めてまとめられたもの。唐臨の序文では、仏教のいう三報（現報・生報・後報）のうち現世で報いを受ける現報の事例を集めてこの書物を編んだという。当時の仏教信仰の一面を物語るものとして『法苑珠林《ほうおんじゅりん》』『太平広記《たいへいこうき》』にも引用されている。

全体の構成

まず全体の構成から前提条件をおさえる。

村の子どもはいつも鶏の卵を盗んでは焼いて食べていた。**（前提条件）**

役所の使者が子どもを呼び出しに来て、村の南に連れ出した。そこには小さな町があり、子どもが北門から入ると門は閉まってしまった。その地面は熱い灰と砕けた細かな火でおおわれていた。子どもは逃げ出そうとしたが、どの門も閉まってしまい出ることができなかった。

村人たちからは、子どもが鶏のように鳴きながら走りまわって遊んでいるように見えた。父親が見つけて大声で子どもの名を呼ぶと、泣きながら何があったかを語った。

子どもが鶏の卵を焼いて食べていたことと、門内で地面が熱く、子どもをあぶっているかのようであったことが結びつければ、犯した罪に対して子どもがどのような報いを受けたかがわかるだろう。つまり、卵を盗み焼いて食べていたので、子どもは熱い地面の上を逃げまどい、足を焼かれることになったのである。因果応報ということになる。

読み方

（ルビについて、音読みは現代仮名遣いにより片仮名、訓読みは歴史的仮名遣いにより平仮名で表記。）

隋《ズイ》の開皇初《カイコウはじ》め、冀州《キシュウ》の外邑《ガイユウ》の中《なか》に小児《ショウジ》有《あ》り。常《つね》に隣家《リンカ》の鶏《ケイ》卵《ラン》を盗《ぬす》み、焼《や》きて之《これ》を食《くら》ふ。後《のち》に早朝《ソウチョウ》、其《そ》の父外《ちちそと》に人有《ひとあ》りて門《モン》を叩《たた》き此《こ》の児《こ》を呼《よ》ぶ声《こゑ》を聞《き》く。父児《ちちこ》をして出《い》でて之《これ》に応《オウ》ぜしむ。見《み》るに一人《イチニン》云《い》へらく、「官汝《カンなんぢ》を役《エキ》に喚《よ》ぶ」と。児《こ》曰《い》はく、「我《われ》を役《エキ》に喚《よ》ばば、入《い》りて衣糧《イリョウ》を取《と》らせよ」と。使者《シシャ》曰《い》はく、「須《もち》ひざるなり」と。因《よ》りて児《こ》を引《ひ》き村《むら》の門《モン》を出《い》づ。村《むら》の南《みなみ》は旧《もと》是《こ》れ桑田《ソウデン》なり。此《こ》の児《こ》忽《たちま》ち道右《ドウユウ》に一小城《イチショウジョウ》有《あ》るを見《み》る。児《こ》怪《あや》しみて曰《い》はく、「何《いづ》れの時《とき》か此《こ》れ有《あ》る」と。使者之《シシャこれ》を呵《しか》り、言《い》ふこと勿《な》からしむ。因《よ》りて引《ひ》き城《ジョウ》の北門《ホクモン》に至《いた》る。児入《こい》りて閫《コン》を度《わた》れば、城門《ジョウモン》忽《たちま》ち閉《と》づ。地《チ》は皆熱灰砕火《みなネツカイサイカ》にして、深《ふか》さ纔《わづ》かに踝《くるぶし》を没《ボッ》す。児《こ》忽《たちま》ち呼《よ》び叫《さけ》び、走《はし》りて南門《ナンモン》に趣《おもむ》くに、至《いた》るに垂《なんなん》とすれば而《すなは》ち閉《と》づ。又東西北門《またトウザイホクモン》に走《はし》るも、亦《ま》た皆是《みなか》くのごとし。未《いま》だ往《ゆ》かざれば、則《すなは》ち開《ひら》き、既《すで》に至《いた》れば、便《すなは》ち闔《と》づ。

時《とき》に村人《むらびと》出《い》でて桑《くは》を採《と》る。皆此《みなこ》の児《こ》の耕田《コウデン》の中《なか》に在《あ》り、口《くち》にするは啼《な》く声《こゑ》に似《に》、四方《シホウ》に馳走《チソウ》するを見《み》る。皆相謂《みなあひい》ひて曰《い》はく、「此《こ》の児狂《こキョウ》なるか。旦《あした》より此《か》くのごとくにして、遊戯《ユウギ》すること息《や》まず」と。皆帰《みなかへ》る。児《こ》の父問《ちちと》ひて曰《い》はく、「児《こ》を見《み》るや不《いな》や」と。桑人答《ソウジンこた》へて曰《い》はく、「村《むら》の南《みなみ》に在《あ》りて走《はし》り戯《たはむ》れ、喚《よ》べども肯《あ》へて来《き》たらず」と。父村《ちちむら》を出《い》で、遥《はる》かに児《こ》の走《はし》るを見《み》、大《おほ》いに其《そ》の名《な》を呼《よ》ぶ。父《ちち》を見《み》て倒《たふ》れ、号泣《ゴウキュウ》して之《これ》を言《い》ふ。

通釈

隋の開皇年間初め、冀州の城外の村の中に子どもがいた。いつも隣の家の鶏の卵を盗んでは焼いて食べていた。その後ある早朝、その子の父親が外で誰かが門を叩き子どもを呼ぶ声を聞いた。父親は子どもを出させて応対させた。その子が出てみると一人の人が言った、「役所がお前を賦役に呼び出す」と。子どもが言った、「私を賦役に呼び出すのなら、家から衣服と食料を取ってこさせてください」と。使いの者は言った、「そんなものは必要ない」と。そこで子どもを引き連れて村の門を出た。村の南はもともと桑畑であった。この子は不意に道の西側に小さな町の城壁があるのを目にした。この子は不思議に思って尋ねて言った、「いつからこんな町があるのですか」と。使いの者は子どもを叱りつけて、何も言わせなかった。そうして子どもを引き連れて町の北門にやって来た。その子が城門の敷居をこえて入ると、城門はすぐに閉まった。地面はすべて熱い灰と砕けた細かな火でおおわれており、深さはわずかにくるぶしを隠すほどであった。その子はすぐに大声で叫びながら、南門に向かって走ったが、いまにも到着しようとすると、閉じてしまった。また、東・西・北の門に走ったが、やはり同じようにすべて閉じてしまう。その子がまだ門にたどり着かないならば、そのときは門は開いているが、到着すると、すぐに門は閉じてしまう。

おりしも、村人が桑を取りに出てきた。みんなはこの子が耕田の中にいて、口から出る声は鶏の鳴く声のようであり、あちらこちらに鶏のように走りまわっているのを見かけた。一緒になってお互いに言いあった、「この子は何かに取り憑かれているのか。朝からこのように走りまわり、とめどもなくいつまでも遊んでいる」と。村人たちはすべて帰っていった。この子の父親が尋ねて言った、「うちの子を見たか」と。桑を採りに行った人達は答えて言った、「村の南にいて走り遊びまわっていて、呼んだけれども来ようとはしなかった」と。父親は村から出ていって、子どもが走っているのを遠くから見つけて、大声でその名前を呼んだ。すると、その子は父親を見つけて倒れ、号泣して何があったのかを話した。

基本句形・語法・語釈

○外邑中有二小児一＝**「有」は「あリ」と読むとき、存在の有無をあらわし下に主語をともなう。「無」を「なシ」と読むときも同じ。**漢文訓読法では、「有」を自動詞「あり」で読むときは、「A有レS」の文構造となると考える。「AニSあリ」と読み、「AにSがある・Aの中にSがある」という意味になる。このとき「A」には**「存在の場」**を表す言葉がくるので「ニ」という送り仮名を付けることが多い。ただし「有」を「たもツ」「ゆうス」など他動詞で読むときは、「S＋V＋O」の古代中国語の文構造になり、「S（ハ）Oヲたもツ」「S（ハ）Oヲゆうス」と読む。

○**忽**＝**「たちまチ」**と読み、「突然・不意に・にわかに」の意味になる。「忽然」などの熟語がある。

○**何時**＝**「いづレノときカ」**と読み、「いつか」という疑問副詞になる。「何」は「いづレノ」と読み、「どれの」の意味。

○**皆**＝**「みな」**と読み、「すべて・ともに」などの意味。漢文では副詞になり名詞ではないので、主語や動作主にならない。

○**垂**＝**「なんなんトス」**と読み、「いまにも…しそうになる・になろうとしている」の意味。「なりなんとす」がもとで、「なりなん」の「なん」は完了「ぬ」＋推量「む」になる。

○**亦**＝**「まタ」**と読む。直前の送り仮名に「モ」をともない「…モまタ」と読み、「…もまた同じように」の意味になる。

○**如レ此**＝**「かクノごとシ」**と読み、「このようである」の意味になる。「若レ之・若レ是・若レ此」「如レ之・如レ是・如レ此」はすべて「かクノごとシ」と読む。

解説

問1 正解 (ア)＝③ (イ)＝④ 短文の読みの問題。

基本的な句形・語法は読みと意味を覚えておこう。

(ア) 「不レ須也」は、「もちひざるなり」と読み、「必要はない」の意味。**再読文字「須レV」は「すべかラクVスベシ」**と読み、「Vする必要がある」という意味になるが、その否定形である**「不レ須レV」は「Vスルヲもちヒず」**と読み、「Vする必要はない」という意味になる。

(イ) 「見レ児不」は、「こをみるやいなや」と読み、「子どもを見たか」という意味になる。「不」は、「否」と同じように「いなヤ」と読む。**「V否」は、「Vスルヤいなヤ」と読み、「Vするか（どうか）」という疑問文になる。**「否（いなヤ）」は「不

（いなヤ）」「未（いまダシヤ）」でも同じ意味になる。

問2　正解＝②　白文に返り点を付け書き下し文にする問題。

白文は、まず基本句形で読む文字を探し、次にその句形を手がかりに文の構造を考えて文意を読み取ってゆく。そして前後の文脈から文の意味を考えて、その意味にあわせて返り点と送り仮名をつけてゆく。読みや意味は動詞を中心に考えていくこと。

「父令児出応之」の**「令」**には「しむ」と使役の助動詞で読む使役の用法がある。

使役の句形の基本形は、**「S使ニNV一」**で**「S（ハ）NヲシテVセしム」**と読み、「SはNにVさせる」という意味になる。「N（名詞）」（動作主・使役の対象）に「ヲシテ」を送り、「Vセ（未然形）」（サ変動詞を例として）から「しム」（使役の助動詞）に返読する。「しム」と読む漢字には**「使・令・遣・教・俾」**などがある。

「令」の下の「児」が「動作主・使役の対象」と考えられるので「ヲシテ」をつけて読めばよい。さらに動詞で読む文字を探すと「出」「応」がある。「応」は「おうズ」と読み、「応対する・こたえる」の意味。文構造は「S＋令＋N＋V_1＋V_2＋O」となる。「応」まで使役が係ると考えると、「父親が子どもを出させて客人に応対させた」という意味が読み取れる。つまり「応」（V_2）から使役の助動詞「令（しム）」に返って読めばよい。このとき「出」（V_1）に「しム」は付けないので注意すること。この意味と読みから「父令ニ児出応レ之」と返り点をつけて「父児をして出でて之に応ぜしむ」と書き下すことになる。

問3　正解＝④　状況説明の問題。

返り点と送り仮名の付いている一文の意味を考え、前後の文脈・場面から状況を読み取ってゆく。

まず、**再読文字「未」**の基本形は、**「未レV」**で**「いまダVセず」**と読む。助動詞「ず」は「Vセ」（サ変動詞を例として）と「未然形」から接続して読む。**再読文字は助動詞の読みが意味をあらわしている。**「未レV」は「（まだ）Vしない」という意味になる。

「未レ往、則開」の「未レ往」は「いまダゆカざレバ」と読んでいる。直前の文意から、主語は「子ども」であり「まだ子どもが門に行き着かないならば」と逐語訳できる。送り仮名の「バ」は接続助詞で条件節をつくる。

漢文では**接続助詞「バ」の用法**は次のように条件節を作ることになる。

- **・未然形＋バ＝仮定条件（ならば）**
- **・已然形＋バ＝仮定条件（ならば）**
  ＝確定条件（ので・ところ）

このときの**「則」は仮定の意味をあらわすわけではない。**

「則」は前文に条件節をとり、主節を導く強調の意味（その場合は・そのときは・つまり）になる。「レバ則＝仮定」と覚えるのでは不十分。

「未レ往」は、子どもはまだ門にたどり着いていないので仮定条件節と考えて「行き着かないならば」、主節の「則開」は「そのときは門は開いている」という意味になる。

「既至、便闔」の「既至」は「既に至れば」と読み、「未レ往」と対義となり「もう到着しているならば」という意味になる。「便」（すなはチ）は「すぐに」の意味。「闔」は「とヅ」と読んで「閉じる」の意味であり、「開」の対義になっている。ここは「到着するならば、すぐに門は閉じてしまう」という意味であることがわかる。「未レ往、則開」と「既至、便闔」は対義の関係になるので逆接でつなぐことになる。つまり、傍線部の意味は「まだ子どもが門に行き着かないならば、そのときは門は開いているが、到着するならば、すぐに門は閉じてしまう」となる。

状況説明の問題なので省略されているものを補って考える。前文までの文脈から状況を考えると、子どもが逃げだそうとして東西南北の門まで走って行く。それぞれの門に行き着かないうちは開いているが、到着するとたちまち門は閉じてしまって外に逃げ出すことができないということがわかる。子どもは熱い地面の城内に閉じ込められてしまったのである。正解は④となる。

問４　正解＝②　指示内容の問題。

指示内容を具体的に考えるには、全体の文脈と前後の文意を読み取り、指示内容を探してゆく。

この会話文は村人の言葉である。村人から子どもがどのような様子に見えたかという村人からの視点が必要になる。子どもからの視点ではないので注意がいる。「如レ此」は「かクノごとクニシテ」と読んでおり、「このようにして」の意味になる。村人からの視点はこの会話文の前の「口似二啼声一、四方馳走」や後ろの「遊戯」「走戯」から考えることができる。村人には子どもが遊びながら走りまわっているとしか見えていないのである。正解は②になる。

問５　正解＝③　現代語訳の問題。

返り点のみの一文を現代語訳するには、白文と同じように基本句形・語法で読む漢字を手掛かりにして文構造（ＳＶＯＣ）をおさえながら意味を考える。そのうえで補足説明・言葉の書き換えなどを考えて現代語訳する。

まず、この場面は、子どもを探している父が「子どもを見なかったか」と尋ねたのに対して桑を採りに行っていた村人が答えたものであることをおさえておく。

次に、後半の「不二肯来一」の読みと意味を考える。

「不二肯Ｖ一」は「あへテＶセず」と読み、「進んではＶしようとしない・Ｖする気にならない・Ｖするのを承知しない」

という意味になる。「不レ肯レV」で「Vスルヲがヘンぜず」と読んでも同じ意味になる。「肯」は納得して進んで行ったり、実現したいと願ったりすることをあらわす。

「来」は、漢文では四段動詞で読むので、「不二肯来一」は「あへテきたラず」と読む。「喚」を逆接にして「よべドモ」と読むと「喚べども肯へて来たらず」と読み下し、「呼んだけれども来ようとはしなかった」という意味になる。

前半の「在二村南一走戯」は、「村の南に在りて走り戯る」と読むと「子どもが村の南にいて走り遊びまわっている」という意味だと考えることができる。問4で考えたように村人からどのように見えたかをおさえて現代語訳する。正解は③になる。

問6　正解＝①・④　指示内容の問題。

「之」の指示内容を問う問題。傍線部がどのような場面かを考えた上で、指示内容がどの部分かを本文全体から探してゆく。「二つ選べ」とあることに注意すること。

傍線部は、子どもが父親に自分の体験したことの一部始終を話している場面である。子どもが経験したことは何かという内容把握の問題になる。子どもからの視点になり村人からの視点ではないので注意がいる。子どもが経験したこととは、役人に連れて行かれた城門の中で、地面が熱くなって逃げ出そうとしたが逃げられないでいたことである。このことを号泣して父親に話したのである。その話に当てはまるのは選択肢①と④になる。②は「桑畑の中で走りまわって遊んでいるうちに」「村の門」が間違い。③は「耕田の中で」「鶏のように走りまわって遊んでいた」が間違い。村人からの視点になっている。⑤は「桑畑の中で見つけた鶏を追いかけて…」「家に帰るのを忘れてしまっていた」が間違い。本文に全く書かれていない話になっている。

問7　正解＝③　内容把握の問題。

内容把握とその寓意から教訓を答える問題。本文の内容からその寓意を理解した上で、作者が導き出している教訓を考えてゆく。

本文内容は子どもが体験した不可思議なできごとから考える。子どもが鶏の卵を盗んで焼いて食べていたことから、城門内に閉じ込められて熱い地面の上を逃げまどうことになった。鶏の卵を焼いたのと同じように熱い地面で自分の足が焼かれていたのである。子どもは自分の悪行に対してその報いを受けたのである。これが作者が言いたい教訓となる。正解は③となる。

仏教では原因となる善行や悪行に応じて、必ず善あるいは悪の報いがあると考える。これを「因果応報」という。また子どもは、仏教の「五戒」である殺生《せっしょう》・偸盗《ちゅうとう》・邪淫《じゃいん》・妄語《もうご》・飲酒《おんじゅ》のうち「偸盗」（卵を盗んだこと）と「殺生」（いのちある卵を焼いて食べたこと）を犯したことにもなる。

第3問 『後漢書』

解答

設問	配点	解答番号	正解	自己採点欄
1	4点	1	④	
2	6点	2	①	
3	各5点	3	④	
		4	⑤	
4	3点	5	④	
	5点	6	②	
5	7点	7	⑤	
6	各5点	8・9	④・⑥※	
合計				／45点

※解答の順序は問わない。

出典

『後《ご》漢書《かんじょ》』 巻三九・列伝第二九・江革伝

『後漢書』は南北朝・宋の范曄《はんよう》撰で一二〇巻からなる、後漢時代の歴史を叙述した「正史」。司馬遷の『史記』から始まる「正史」は本紀と列伝からなる紀伝体によって書かれた歴史書。『後漢書』は班固の『漢書』を継ぐ「正史」であるが、その成立年代は元嘉九年（四三二）頃といわれ、三世紀末成立の陳寿《ちんじゅ》の『三国志』よりもかなり遅い。范曄は自らの文章で史料を書き改めたといわれ、また、各編の末尾に「論」「讃」を附して自己の史論・史評を述べている。当時の人物を類型化した列伝からは後漢社会の一端を窺うことができる。

全体の構成

全体の構成は二つの段落に分かれている。江革の人物像を考えながら読み取ってゆく。

第一段落

江革は父が亡くなった後に母と暮らしていたが、天下が乱れて母を盗賊から守りながら養っていた。（前提条件）

危難から逃れ、厳しい生活の中で母を養っていた。盗賊に捕らえられたときには、江革の言葉が慎み深く真心があり、人を感動させるものであったために、盗賊から危害を加えられることはなく、助けてさえもらった。その後は困窮したなかで、雇われ仕事をしながら母の必要としている物を与えて養っていた。（江革の親孝行の姿）

第二段落

母と故郷に帰った後、県の戸口調査の時に、母が年老いていたので車に乗せても揺らさないように気をつけ、牛馬の代わりに自分で車を引いていた。このため人々から称賛されて「江巨孝」と呼ばれていた。郡の長官から招かれたが、母の年老いたことを理由として断っていた。（江革の親孝行への人々からの称賛）

母の死後には死にそうになりながら、服喪の期間が終わっても喪を終わらせることができないほど悲しみに打ちひしがれていた。そのため郡の太守が服喪をやめさせ、その人徳を惜しんで自分の部下として役人に任命している。（江革の優れた人徳への評価）

江革の母への孝心、言葉の誠実さから彼の優れた人物像が描かれている。

読み方

（ルビについて、音読みは現代仮名遣いにより片仮名、訓読みは歴史的仮名遣いにより平仮名で表記。）

江革《コウカク》字《あざな》は次翁《ジオウ》、斉国臨淄《セイコクリンシ》の人《ひと》なり。少《わか》くして父《ちち》を失《うしな》ひ、独《ひと》り母《はは》と居《キョ》す。天下《テンカ》乱《みだ》れ、盗賊《トウゾク》並《なら》び起《お》こるに遭《あ》ふ。革母《カクはは》を負《お》ひて難《ナン》を逃《のが》れ、備《つぶさ》に阻険《ソケン》を経《へ》、常《つね》に採拾《サイシュ》して以《もっ》て養《ヨウ》を為《な》す。数《しばしば》賊《ゾク》に遇《あ》ひ、或《ある》いは劫《おびやか》して将《つ》れ去《さ》らんと欲《ほっ》す。革《カク》輙《すなは》ち涕泣《テイキュウ》して哀《アイ》を求《もと》め、老母《ロウボ》有《あ》りと言《い》ふ。辞気愿款《ジキゲンカン》にして、人《ひと》を感動《カンドウ》せしむるに足《た》る者《もの》有《あ》り。賊《ゾク》是《これ》を以《もっ》て之《これ》を犯《をか》すに忍《しの》びず。或《ある》いは乃《すなは》ち兵《ヘイ》を避《さ》くるの方《ホウ》を指《さ》す。遂《つひ》に倶《とも》に難《ナン》に全《まった》きを得《え》たり。革転《カクテン》じて下邳《カヒ》に客《カク》たり。窮貧《キュウヒン》にして裸跣《ラセン》なるも、行傭《コウヨウ》して以《もっ》て母《はは》に供《キョウ》し、便身《ベンシン》の物《もの》、必《かなら》ず給《キュウ》せざるは莫《な》し。

建武末年《ケンブマツネン》、母《はは》と郷里《キョウリ》に帰《かへ》る。歳時《サイジ》に県《ケン》の当《まさ》に案比《アンヒ》すべきに至《いた》る毎《ごと》に、革母《カクはは》の老《お》いたるを以《もっ》て、揺動《ヨウドウ》せしむるを欲《ほっ》せず。自《みづか》ら轅《ながえ》の中《なか》に在《あ》りて車《くるま》を輓《ひ》き、牛馬《ギュウバ》を用《モチ》ひず。是《これ》に由《よ》りて郷里《キョウリ》之《これ》を称《ショウ》して江巨孝《コウキョコウ》と曰《い》ふ。太守《タイシュ》嘗《かつ》て礼《レイ》を備《そな》へて召《め》すも、革母《カクはは》の老《お》いたるを以《もっ》て応《おう》ぜず。母《はは》の終《を》ふるに及《およ》びて、至性《シセイ》殆《ほとん》ど滅《メッ》せんとす。嘗《つね》に冢廬《チョウロ》に寝《い》ね伏《ふ》して、服《フク》竟《をは》るも、除《のぞ》くに忍《しの》びず。郡守《グンシュ》丞掾《ジョウエン》を遣《つか》はして服《フク》を釈《と》かしむ。因《よ》りて請《こ》ひて以《もっ》て吏《リ》と為《な》す。

通釈

江革は字を次翁といい、斉国の臨淄の人である。若くして父親を亡くし、ただ母とだけ暮らしていた。天下が乱れ、盗賊があちこちに出没するのに出会った。江革は母を背負って危難を逃れ、険しく困難な土地をことごとく通り、いつも薪を取り木の実を拾い食料としていた。何度も盗賊に出会い、あるときは（江革を）脅して連れ去ろうとした。江革はそのたびごとにいつも涙を流して泣いて哀れみを乞い、年老いた母がいると言っていた。その言葉遣いは慎み深く真心があり、人を感動させるのに十分なものであった。盗賊はこのために江革を害することができなかった。ある者はなんと賊兵を避けるための道を教え示してくれた。結局江革と母はともにこの危難の中で命を全うすることができた。江革は移って下邳に身を寄せた。あまりにも貧乏で裸に素足同然の身なりであったが、雇われ仕事をして（稼いだ金で）母を養い、母の身のまわりの必要なものは、何でも必ず与えるようにした。

建武末年、母と故郷に帰った。県が戸口調査しなければならない、毎年定められた時期になるたびに、江革は母が年老いているために、揺れ動かさせることを望まなかった。（そこで）

自分で車のながえの中に入って車を引き、牛や馬を使わなかった。このために故郷の人々は江革を称賛して「江巨孝」と呼んでいた。郡の長官は以前礼を尽くして召し出そうとしたことがあったが、江革は母が年老いていることを理由として求めに応じなかった。母が亡くなったときに、生来の優れた気力も尽きてほとんど死にそうになっていた。いつも墓の側の粗末な小屋に寝泊まりし、服喪の期間が終わっても、やめることができなかった。郡の長官は部下の副官と属官を遣わして喪に服することを打ち切らせた。そうして招請して役人に任命した。

基本句形・語法・語釈

○**字**＝「**あざな**」と読み、男子は元服の時、女子は婚約したときにつける呼び名・別名。実名ではなく「あざな」で呼ぶのが礼儀。実名で呼んでよいのは親・師匠・君主などに限られる。

○欲㆓将去㆒＝「**欲㆑V**」は「**Vセントほっス**」と読み、「Vしたいと思う」（願望）「Vしようとする」（意志）「Vするだろう」（推量）の意味になる。否定は「**不㆑欲㆑V**」で「**Vスルヲほっセズ**」と読む。ここの「将去」は意味の上から「つレさル」と読む。

○**遂**＝「**つひニ**」と読み、「結局・そのまま」の意味。

○全＝「まったシ」と読み、「命をまっとうする」という意味。

○及㆓母終㆒＝「母の終ふるに及びて」と読んで「母が亡くなったときに」の意味。「**及㆓SV㆒**」は「**SノVスルニおよビテ**」と読み、「SがVするときに」という時間を表す意味になる。

解説

問1 正解＝④　語句の読みの問題。

基本語句の読みの組合せから選択肢を選ぶ問題。**基本的な多義語の読みと意味は覚えておこう。**

(ア)「**少**」は「**わかシ**」と読み、「若い」という意味の形容詞。ここは接続助詞「して」を付けて次の「父を失ひ」に接続させるため、「わかくして」と読む。

(イ)「**数**」は「**しばしば**」と読み、「何度も・たびたび」という意味の副詞。

(ウ)「**輒**」は「**すなはチ**」と読み、「そのたびごとにいつも」という意味になる副詞。

「**すなはチ**」と読むものには次のようなものがある。

「**乃**」＝「そこで」「それなのに」「なんと」「やっと・きっと」。

「**輒**」＝「そのたびごとにいつも」「すぐに」「たやすく」。

「**便**」＝「すぐに」「たやすく」「そのまま」。

「**即**」＝「すぐに」「つまり」「とりもなおさず」。

「**則**」＝「〔ならば〕その場合は・そのときは」「〔ので・ところ〕その場合は・そのときは」。

(エ)「**自**」は「**みづからラ**」と読み、「自分で自分を・自分から」の意味になる副詞。ほかに「**おのづからラ**」と読むと「自然に・

自然と」の意味になる。返り点が付き返読すると**「より」**と読み、「…から」の意味になり時間・場所の起点・経由を示す。

問2　正解＝①　理由説明の問題。

理由説明の問題は原因・理由を示している部分を探していく。

まずは傍線部**A**「不レ忍レ犯レ之」の意味を考える。**「犯」**は「そこなう・害する」「さからう・たがえる」「法などの決められた枠を破る」などの意味。ここでは盗賊が捕まえた江革に危害を加える意味になる。つまり「犯レ之」で「江革を害する・江革に危害を加える」の意味となる。

「不レ忍レV」は**「Vスルニしのビず」**と読み、「Vすることができない・Vすることに我慢できない」の意味。「不レ忍」を「しのバず」と読むことはない。傍線部は「江革を害することができない」と解釈することになる。

次に「賊」が「不レ忍」と考えた理由を探してゆく。直前の**「以レ是」**は**「これヲもつテ」**と読み、「このために・これによって」（原因・理由）、「これで・これを用いて」（手段・方法）などの意味。ここでは「このために」という意味で「不レ忍レ犯レ之」の原因・理由を指し示している。その理由は江革が盗賊に捕らえられたときの行動から考えることができる。江革は賊に捕らえられたときに、涙を流して泣いて哀れみを乞い、年老いた母がいると言っていた（「革輒涕泣求レ哀、言レ有二老母一」）。「泣いて哀れみを乞う」行動は盗賊に捕らえられたときの一般的な反応といえる。賊が「不レ忍」と考えたのには特別な理由があったと思われる。それは江革の言葉の力が特別なものだったと考えることができる。つまり、次の「辞気愿款、有下足三感二動人一者上」という表現が言葉の力を示している一文。

この「辞気愿款」は注にあるように「言葉遣いが慎み深く真心がある」という意味になる。「有下足三感二動人一者上」の**「有」**は「あり」と読んで存在の有無をあらわし下に主語をともなう。**「有…者」**は、「者」から「有」に返読して「…スルものあり」と読み、「…するものがある」という意味。直前の「辞気愿款」とのつながりから「江革の言葉には…するものがある」と解釈できる。また、**「者」**は「もの・こと」で訳すが、「人」を指すとは限らない。「者」には直前を体言化、名詞句にする働きがあるので「足三感二動人一者」をひとつの意味まとまりとして考える。さらに、**「足二……一」**は「用言の連体形＋ニ」から返読して**「…スルニたル」**と読み、「…するのに十分である・…することができる・…する価値がある」という意味になる。また、「感二動人一」は「人を感動せしむる」と使役の助動詞「しむ」を補読していることから、「人を感動させる」という意味になる。つまり「有下足三感二動人一者上」の部分は「江革の言葉には人を感動させるのに十分なものがある」という意味になる。盗賊は江革の言葉遣いが慎み深く真心があり、人を感動させるものであったので、そのために江革を害することができなくなったということになる。これが「賊」が「不㆑忍」と考えた理由にあたる。

問3 (i) 正解＝④ (ii) 正解＝⑤ 返り点・書き下し文と解釈の問題。

白文に返り点を付けて書き下し文にし、解釈する問題。**まず、選択肢を吟味する前に返り点を付けて書き下し文にし、解釈を考えてゆこう。**

書き下し文は、基本句形・語法や文構造（SVOC）に注意し、文意を考えて返り点・送り仮名を付けて読み下してゆく。現代語訳は、逐語訳では不十分なので、書き換えて省略を補ってゆく。句形も公式通りの訳ではなく、書き換えている選択肢に注意する。

(i)「便身之物、莫不必給」の「便身之物」は、そのまま「べんしんのもの」と読み、「母の身のまわりの必要なもの」と解釈することはすべての選択肢に共通して示されている。

「莫不必給」は二重否定の句形。**二重否定は強い肯定**になる。**「莫㆑不㆑V」**で**「Vセざルハなシ」**と読み、基本は**「Vしないものはない」**となり、**「すべてVする」**という意味に書き換えることができる。

「必給」は「副詞＋動詞」の語順になっており、「必ず給す」と読む。「給」は「きゅうス」と読み、「必要に応じる・用に充てる」「与える・たまう」などの意味。つまり「莫不必給」は「莫㆑不㆓必給㆒」と返り点を付け、「必ず給せざるは莫し」と書き下す。返り点の付け方と書き下し文の組合せの正解は、選択肢④になる。選択肢①と③の文末は「んや」と反語で結んでいるが、反語は否定の意味になるので二重否定と組み合わされることはないと考えてよい。

(ii) 直前に「行傭以供㆑母」とあることから、「必ず母に与えないものはない」「何でも母に与える」という意味であることがわかる。「莫」は「無」と同じように存在の有無をあらわす。直前に存在の場を表す語句が置かれる。ここでは「便身之物」がそれにあたる。「〈便身之物〉の中に」という意味になる。「便」には「安らかにする・快適である・日常的である・都合がよい」などの意味があり、「便身之物」とは「身を安らかにするもの・日常的に必要なもの」と解釈できる。これは「母の身にとって必要なもの」であるので、「母の身に必要なものの中で、必ず与えないものはなかった」と具体的に解釈することができる。さらに書き換えて「母の身のまわりの必要なものは、何でも必ず与えるようにした」という選択肢⑤が解釈の正解となる。

問4 本文中での語句の意味の問題。

(i) 正解＝④

本文中での語句の意味を考えてから、選択肢の熟語の意味を考えて選ぶ。

傍線部**C**「郷里称㆑之曰㆓江巨孝㆒」は「郷里之を称して江

巨孝と曰ふ」と読んでいる。「郷里」とは「故郷の人々」の意、「之」は江革のことを指している。

「称」は多義語として「ほめたたえる」(称賛)、「いう・となえる・呼び名」(詐称・称号・尊称・呼称)、「重さをはかる」(称量)、「かなう・つりあう」(対称)などの意味がある。

この場面では江革は母が年老いているために、車を揺らして役所まで連れて行きたくなかった。そのため自分自身が車を引いて揺れないようにしたという江革の親孝行な姿が描かれている。それを見た故郷の人々は江革のことをほめたたえたのである。傍線部は「故郷の人々は江革を称賛して『江巨孝』と呼んでいた」という意味になる。

(ii) **正解＝②**

「江巨孝」の「江」は「江革」のこと、**「孝」**とは儒教での徳目(仁・義・礼・智・信・忠・孝・悌)のひとつで「親孝行」の意味。**「巨」**には「大きい」「多い」の意味がある。しかし、文中には江革の体格が大きかった、身長が高かったなどという記述はない。「大きい」では文意が通じない。ほかには「巨匠・巨星(大人物のたとえ)」などの熟語からわかるように「すぐれている・偉大である」などの意味がある。ここは「すぐれた親孝行な江革」の意味となる。「孝行」の内容は「年老いた母を養う、大変すぐれた親孝行者」と説明することになる。

問5　正解＝⑤　理由説明の問題。

理由説明の問題は、傍線部の文意を理解した上で全体の文脈から理由を考える。

傍線部**D**「郡守遣二丞掾一釈レ服」の意味を考える。返り点・送り仮名から「郡守丞掾を遣はして服を釈かしむ」と書き下すことになる。注から「郡守」とは「郡の太守・長官」、「丞掾」とは「郡の太守の副官と属官」の意味である。「服を釈かしむ」とは設問の問いかけから「服喪をやめさせる」ことであることがわかる。「しむ」と使役の助動詞を補読しているのは、**「遣」が使役を暗示する動詞**であるからである。

使役を暗示する動詞には**「遣・命・説・召・任」**などがあり、最後の動詞に使役の助動詞「しむ」を送り補読する。ここは「S遣レNVレO」を「SハNヲ遣ハシテOヲVセシム」と読み、「SはNを遣わしてOをVさせる」という意味。つまり「郡の長官が部下の副官・属官を派遣して江革が母の喪に服することをやめさせた」という意味になる。

親の死後に葬式を執りおこない、三年間の喪に服することは「孝」の最重要なものである。ここでの状況は、江革が母の服喪の期間が終わってもやめることができずに、今にも死にそうになっていたということである。江革が悲しみに打ちひしがれていたのである。郡守と江革の関係を考えると、母の死以前に郡守は礼を尽くして江革を招請している。人々からすぐれた親孝行者として称賛されている江革を招いて部下としようとしたのである。このときは江革に断られている。しかし、服喪を打ち切らせた後には招請して役人として任命していることから郡守の考えを読み取ることができる。つまり、すぐれた人物である江革が死にそうになっているのを惜しみ、助けて部下にしようと考えたのである。

問6　正解＝④・⑥　内容把握の問題。

内容把握の問題はまず本文をしっかりと読み、意味のかたまりをとらえてゆく。

本文内容は江革の親孝行な人物像が描かれている。第一段落では、江革が母を盗賊から守りながら養っていることが書かれている。母を守れたのは江革の言葉が慎み深く真心があり、人を感動させるものであったからである。その後は困窮の中、雇われ仕事で母の必要としているものを与え養っていた。第二段落では、母が年老いたので車に乗せて、揺らさないように牛馬の代わりに自分で車を引いていた。それを人々がほめたたえて「江巨孝」と呼んでいた。郡の太守からも招かれたが、母のことを第一に考えていた。母の死後服喪を終わらせることができないほど悲しんで死にそうになっていた。そこで太守が服喪をやめさせ自分の部下として役人に任命したのである。

選択肢④の「雇われ仕事さえもらえずに母を養うことができなくなってしまった」、⑥の「江革は年老いた母を養うためにしかたなく官吏となって忠誠を尽くした」は本文の内容と合致しない。

第4問 『旧唐書』

解答

設問	配点	解答番号	正解	自己採点欄
1	各4点	1	⑤	
		2	③	
2	6点	3	④	
3	7点	4	②	
4	各4点	5	④	
		6	②	
5	3点	7	⑤	
	5点	8	③	
6	各4点	9・10	①・⑤※	
合計				/45点

※解答の順序は問わない。

出典

『旧唐書《くとうじょ》』巻九一・崔玄暐伝

『旧唐書』は五代十国時代の後晋の開運二年（九四五）成立の唐代の正史。紀伝体の歴史書。編纂成った本書を時の宰相の劉昫《りゅうく》が上申したので選者とされるが、実際の編纂に当たっては先の宰相の趙瑩《ちょうえい》の功績が大きいとされる。ほかに唐代の正史としては北宋の欧陽修《おうようしゅう》等によって撰せられた『新唐書』があり、先にできた劉昫の唐書を『旧唐書』という。

全体の構成

本文全体は崔玄暐の母の戒めの言葉、「教誡」が中心となる。母が息子に何を教え戒めようとしているかを読み取る。

まず、崔玄暐は叔父の行功に才能を認められ重んじられるほどすぐれていた。さらに科挙に合格し、これから出世してゆくところである。**（前提条件）**

その彼を母が戒める。従兄の辛玄馭の「官吏になって貧乏で生活できないぐらいなら、良いたよりである。裕福な暮らしをして贅沢をしているなら、悪いたよりである」という言葉を引用して、母はこれを重んじて間違いのない意見であるとする。

さらに母は言う、官吏となった者の父母は息子からの贈り物に喜び満足するのではなく、どのようにして手に入れたものかを考えなくてはいけない。道理にあわない間違ったことをして手に入れたものならば、盗賊と同じである。大きな咎がなくとも心中に恥ずかしく思わなくてはいけない。孟子の母が息子からの贈り物を受け取らなかったのもこれと同じ理由であるとする。母は、道理にあわないことで手に入れたのでは盗賊と同じであり、それを父母に贈っても親孝行にはならないと考えていた。

母は「官吏として俸禄をいただき栄達と幸運を得た以上、忠誠を尽くし清廉潔白であることができないならばこの世で生きていけない。わが身を修め自己のおこないを正しくするのがよい」と教え戒めた。崔玄暐はこの母の戒めを守って賞賛されたのである。
　本文内容を理解するには、崔玄暐の母の価値基準を読み解くことが必要になる。

読み方

（ルビについて、音読みは現代仮名遣いにより片仮名、訓読みは歴史的仮名遣いにより平仮名で表記。）

　崔玄暐《サイゲンイ》は、博陵《ハクリョウ》の安平《アンペイ》の人《ひと》なり。少《わか》くして学行《ガクコウ》有《あ》り。深《ふか》く叔父《シュクフ》の秘書監行功《ヒショカンコウコウ》の器重《キチョウ》する所《ところ》と為《な》る。龍朔中《リュウサクチュウ》、明経《メイケイ》に挙《あ》げられ、累《かさ》ねて庫部員外郎《コブインガイロウ》に補《ホ》せらる。其《そ》の母《はは》盧氏《ロシ》嘗《かつ》て之《これ》を誡《いまし》めて曰《い》はく、「吾《われ》姨兄《イケイ》の屯田郎中辛玄馭《トンデンロウチュウシンゲンギョ》に見《まみ》ゆ。云《い》はく、『児子《ジシ》官《カン》に従《したが》ふ者《もの》に、人《ひと》の来《きた》る有《あ》りて貧乏《ビンボウ》にして存《ソン》する能《あた》はずと云《い》はば、此《こ》れは是《こ》れ好《よ》き消息《ショウソク》なり。若《も》し貲貨《シカ》充足《ジュウソク》し、衣馬《イバ》軽肥《ケイヒ》なりと聞《き》かば、此《こ》れは悪《あ》しき消息《ショウソク》なり』と。吾《われ》常《つね》に此《こ》の言《ゲン》を重《おも》んじ、以《もっ》て確論《カクロン》と為《な》す。比《このごろ》見《み》るに、親表中《シンヒョウチュウ》の仕官《シカン》する者《もの》、多《おほ》く銭物《センブツ》を将《もっ》て其《そ》の父母《フボ》に上《たてまつ》るに、父母《フボ》但《た》だ喜悦《キエツ》することを知《し》るのみにして、竟《つひ》に此《こ》の物《もの》何《いづ》れより来《きた》るかを問《と》はず。必《かなら》ず是《こ》れ禄《ロク》俸《ホウ》の余資《ヨシ》ならば、誠《まこと》に亦《ま》た善事《ゼンジ》ならん。如《も》し其《そ》れ理《リ》に非《あら》ずして得《う》る所《ところ》ならば、此《こ》れ盗賊《トウゾク》と何《なん》ぞ別《わか》たん。縦《たと》ひ大《おほ》ひなる咎無《とがな》くとも、独《ひと》り愧《はぢ》を心《こころ》に内《い》れざらんや。孟母《モウボ》魚鮓《ギョサ》の饋《キ》を受《う》けざるは、蓋《けだ》し此《こ》れが為《ため》なり。汝今《なんぢいま》坐《ザ》して禄俸《ロクホウ》を食《は》み、栄幸《エイコウ》已《すで》に多《おほ》し。若《も》し其《そ》れ忠清《チュウセイ》なる能《あた》はざれば、何《なに》を以《もっ》てか天《テン》を戴《いただ》き地《チ》を履《ふ》まん。特《た》だ宜《よろ》しく身《み》を修《をさ》め己《おのれ》を潔《いさぎよ》くすべきのみ。吾《わ》が此《こ》の意《イ》を累《わずら》はす勿《な》かれ」と。玄暐母氏《ゲンイボシ》の教誡《キョウカイ》を遵奉《ジュンポウ》し、清謹《セイキン》を以《もっ》て称《ショウ》せらる。

通釈

　崔玄暐は、博陵の安平の人である。若くして学業と品行にすぐれていた。深く叔父の秘書監の崔行功に才能を認められ重んじられた。龍朔年間に明経科に合格し、次々と出世し庫部員外郎を授けられた。その母の盧氏は以前彼を戒めて次のように言った。「私は母方の従兄の屯田郎中の辛玄馭にお会いした。そのとき辛玄馭は、『息子が官吏になった親に、人がやって来て、息子さんは貧乏で生活できないくらいだと言ったならば、これは良いたよりである。もし財貨がいっぱいあり裕福な暮らしをし、上等な衣服を着て肥えた馬を用い贅沢をしていると聞かされたならば、これは悪いたよりである』と言っていた。私はいつもこの言葉を重んじていて、まことに間違いのない意見であると思っている。この頃見ていると、父方と母方の親族のうちで官吏となった者が、金銭物品をその父母に贈ると、父母はただもう喜び満足するだけで、一向にその物がどこから来たかを問題にしない。はたしてそれが俸禄のあまりであるならば、本当にやはりよいことであるだろう。もし道理にあわない間違ったことをして手に入れた品物であるならば、これはどうして盗賊と区別できようか。たとえ大きな咎めを受けることがなくとも、自分だけは心中に恥ずかしく思わずにはいられないのである。孟子の母が漬け込んだ魚の贈り物を受け取らなかったというのは、このためであろう。おまえは今いながらにして俸禄をいただき、もはや多くの栄達と幸運を得た。もし忠誠を尽くし清廉潔白であることができないならば、どのようにしてこの天地のあいだで生きていけるだろうか。ただわが身を修め自己のおこないを正しくするのがよいのである。（このように考えている）私のこの心を煩わせるな」と。玄暐は母の教えと戒めをまもり、清白謹慎であることによって賞賛された。

基本句形・語法・語釈

○**嘗**＝**「かつて」**と読み、「以前…したことがある」という**経験過去**の意味。「したことがある」という意味が重要。また、「つねニ」（いつも）という副詞、「なム」（なめる・味わう）、「こころミル」（ためす）という動詞で読むこともある。

○**見**＝**「まみユ」**と読み、「お会いする・謁見する・拝謁する」の意味。「見」は多義語として多くの読み・意味を持つ。「みル」（見る・会う）、「みユ」（見える・参照する）、「あらはル」（現れる・見える）、「あらはス」（現す・明らかにする）、「しめス」（示す・表示する）、「る・らル」（受身）などがある。

○**但**＝**「ただ…ノミ」**と読み、**限定の句形**。意味は「ただ…だけである」（狭義の限定）、「…にほかならない・…にすぎない」（強調）、「…なのである」（断定）となる。限定の副詞には**「惟・唯・只・止・徒・直・特・但・啻」**（ただ）、**「独」**（ひとり）があり、呼応する終助詞**「のみ」**には**「已・爾・耳・而已・而已矣」**などがある。

○**独不㆑内㆓愧於心㆒**＝**「ひとりはぢヲこころニいレざランヤ」**と読み、「自分だけは心中に恥ずかしく思わずにはいられない」という意味になる。このとき「独」は「自分ひとりだけは・自分だけが特に」の意味。「不」を「ざランヤ」と読んでいるので反語となる。**文末を「ンヤ」で結ぶと反語になる。**つまり、ここの「独不㆑V」（ひとりVセざランヤ）は「どうして自分ひとり特別にVしないであろうか、Vする」の意味になるが、反語は強く言い切る解釈がよいので「自分ひとりだけはVする」の意味になる。

○**何以**＝**「なにヲもつテカ」**と読み、「どうして」（原因・理由）、「どのようにして」（手段・方法）の意味になる疑問副詞。この「戴㆑天履㆑地」は反語で「天地のあいだで生きていけない」という意味になるので、「何以」は「どのようにして」という手段・方法の意味になる。

○**特宜㆑V**＝**「ただよろシクVスベキノミ」**と読み、「ただ…するのがよい」という意味。**「特」**は限定の副詞で「ただ…ノミ」と読んでいる。**「宜㆑V」は再読文字**で**「よろシクVスベシ」**と読み、「Vするのがよい」という適宜の意味になる。**再読文字は助動詞部分で意味を表現している**ので、助動詞「べし」の「適当」の意味からと考えられる。

○**勿**＝**「なカレ」**と読み、「するな・してはいけない」という禁止の意味になる。「勿」は「なシ」と読み、命令形で「なカレ」と読むときは禁止になる。「なシ」と読む漢字には「無・莫・勿・毋」などがある。

○**見レ称**＝「**しょうセらル**」と受身で読み、「賞賛される」の意味となる。**受身の助動詞を使う受身形は、「S見レV二於A一」を「S（ハ）AニVセらル」**と読み、「SはAにVされる」という意味になる。動作主「A」に「ニ」と送り、「Vセ（未然形）」（サ変動詞を例として）から「らル」に返読する。「**見・被・為・所**」**を受身の助動詞「る・らル」**として読み、接続は古文と同じ。ただし**漢文では「る・らル」は受身のみ**の意味になる。

○「孟母三遷」＝孟子の母が教育環境のよいところを求めて三度居を移した故事。はじめ墓地の近くに住んだが、孟子が埋葬や葬送のまねをして遊んだので市場のそばに移った。すると今度は商人のまねをして遊んだ。そこで学校のそばに引っ越したところ、礼儀作法のまねをして遊ぶようになったという故事。「三」には「三度」という回数以外に「何度も・たびたび」の意味もある。

○「孟母断機」＝孟子の母が、学業が停滞し進んでいない孟子に、機で織っていた織物を刀で断ち切ってみせ、学業を途中でやめるのはこれと同じだと戒めた故事。

解説

問1　正解　(ア)＝⑤　(イ)＝③　語句の読みの問題。

基本的な語句、副詞の読みの問題。

(ア)「**縦**」は仮定の副詞で、「**たとひ…（とも）**」と読み、「たとえ…としても」という逆接仮定条件の意味になる。直後の「無二大咎一」に「トモ」と送り仮名が付いていることからわかる。ほかには「縦令・縦使・仮令・仮使」なども「たとヒ…（トモ）」と読む。「縦」は「たて」「ほしいままニ」（思うままに・勝手気ままに）、「ほしいままニス」（自分勝手にする・思うままに振る舞う）、「ゆるス」（許す・見逃す）、「はなツ」（放つ・釈放する）などの読み・意味がある。

(イ)「**蓋**」は「**けだし**」と読み、「（私が）思うに」の意味。作者の推定・主張をあらわす。また、「たぶん・恐らく…だろう」という推量、「そもそも・一体全体」という発語の助辞の意味にもなる。

問2　正解＝④　内容説明の問題。

「好」と「悪」という対義の言葉が示している内容を説明する問題。それぞれが示している文の内容を理解した上で、全文の論旨からどこに視点を置いて説明しているかを考える。

傍線部は崔玄暐の母が引用している辛玄馭の言葉の部分である。この「好消息」「悪消息」とは「良いたより」「悪いたより」という意味。それぞれの内容は直前の「貧乏不レ能レ存」と「貲貨充足、衣馬軽肥」というある人の報告である。「貧乏不レ能レ存」の「存」は「生活する・生きていく」の意味。「**不レ能レV**」は「Vできない」という不可能の意味。ここの「貧乏で生活できない」とは「清貧な生活をする」の意味。これを「好」といっている。次に「貲貨充足、衣馬軽肥」とは「財貨がいっぱいあり、上等な衣服を着て肥えた馬を用いている」という意味であり、「裕福な暮らし・贅沢な生活」をあらわしている。これを「悪」といっている。つまり、官吏となった息子の暮らしぶりが「好」「悪」の「消息」となる。

　次に「好」「悪」の判断基準はどこにあるかを考える。この引用のあとに続く母の発言には、官吏となった息子が父母に金品を贈るとき、「禄俸余資」つまり「官吏として正当な俸禄のあまり」からのものならば「善事」（＝好）であるとし、それに対して「非㆑理所㆑得」つまり「道理にあわない間違ったことをして手に入れたもの」ならば「盗賊と同じである」（＝悪）とする。これが辛玄馭の言葉を「確論」と考える母の「好」「悪」でもある。

　また、この母の発言は崔玄暐への「教誡」であるので、母は息子に「官吏としての心得」「官吏としての心構え」を教え諭そうとしている。つまり「官吏として」の「好」「悪」を説明している④が正解となる。

　選択肢①は「うわさされる」ことが「好」「悪」とするのは間違い。②の「他人から家族は…喜んでもらえる」「うわさされ財貨をねらわれる」、③の「健康でいられる」「不摂生な生活だ」、⑤の「正当な俸禄さえももらえず」「上司に気に入られて正当な俸禄以上のものをもらい」は本文には書かれていないことなので間違い。

問3　正解＝②　解釈の問題。

　返り点のみの文を解釈する問題。返り点は付いているので、基本語彙の意味、基本句形・語法に注意し、文意を考えながら送り仮名をつけてゆく。先に選択肢を見るのではなく意味を考えてから選択肢を見てゆく。語句の書き換えなどに注意して選べばよい。

　まず、前半部分の「吾常重㆓此言㆒」は、「吾」が主語で、「常」は「つねニ」と読む副詞。「此言」から「重」に一二点で返っているので「重」が動詞で「此言」を目的語としている。**「重」**は動詞としては、「おもンズ」と読み、「重んじる・たっとぶ・大事なものと見なす」、「かさヌ」と読み、「かさなる・かさねる」の意味などがある。「此言」は「このげん」と読み、直前の辛玄馭の言葉を指しているので、母がこの言葉を重んじている意味と考える。この前半部分は、「吾常に此の言を重んず」と読み、「私はいつもこの辛玄馭の言葉を重んじている」という意味と考えることができる。

　次に、後半部分の「以為㆓確論㆒」の「以為」は、**「以㆑A為㆑B」**の構文である。「AヲもつテBトなス」と読み、「AをBとする・AをBと思う・AをBと考える」という判断の意味になる。ここでは「A」にあたる「此言」が省略されている。そこで返り点どおり「以て確論と為す」と書き下すことになる。「確論」は「確かな間違いのない意見・議論」の意味。この後半部分は「確かな間違いのない意見だと思う」という意味になる。前半と後半をまとめると選択肢②が正解となる。

問４ 正解 (i)＝④ (ii)＝② 書き下し文と解釈の問題。

返り点のみの一文を書き下し文にし解釈する問題。易しい文ならば書き下し文を考えてから解釈してゆく。難しい文であれば、先に文意を考えて解釈してから書き下し文にする。

(i) 書き下し文の問題。返り点が付いている書き下し文の問題だが、**書き下し文にするには文の意味がわかる必要がある。**文意も考えること。

まず、前半部分「如其非レ理所レ得」の文頭にある「**如**」は、「**もシ**」「**ごとシ**」「**しク**」「**ゆク**」などと読む多義語であるが、返り点が付いていないときは「もシ…（バ）」と仮定で読むことになる。どこまでが仮定条件節になるかは文意から判断しなければならない。なお「**若**」も「如」とほぼ同じ読みだが、「もシ」「ごとシ」「しク」「なんぢ」と読む。「如」を「なんぢ」と読むことはなく、「若」を「ゆク」と読むこともない。

「**其**」は指示代名詞の「そノ」か、強調の副詞の「そレ」と読む。ここは「連体修飾語」や「主語」になって何かを指示しているとは考えられない。副詞の「そレ」は強調の意味から反語・疑問・詠嘆などをあらわす。

「非レ理所レ得」は返り点どおり読めばよい。否定の「**非**」は断定の助動詞「なり」の連用形「に」を伴って「**…ニあらズ**」と読み、「…ではない」の意味になる。「理」は「道理」の意味で「り」と読めばよい。「非レ理」は「りニあらズ」と読む。「所レ得」の「**所**」は「所レV」で名詞句を作り体言化する働きがあるので、「Vするもの・こと」の意味となる。ここは「うルところ」と読み、「手に入れるもの」の意味。「得」は下二段活用の動詞なので連体形は「うル」と読む。ここは「理に非ずして得る所」と読むと「道理にあわない間違ったことをして手に入れたもの」の意味になることがわかる。これは前文の父母に贈った金銭物品のことをいっているので「父母に贈った金銭物品」が「道理にあわない間違ったことをして手に入れたもの」であるという意味になる。

次に、後半部分の「此」は指示代名詞で「こレ」と読み、主格の「これは」の意味で金銭物品を間違ったことをして手に入れた行為を指している。「与二盗賊一」の「**与**」は漢文の重要な多義語の一つであるが、ここは動詞の「あたフ・くみス・あずかル・ともニス」などと読んでは意味が通じない。ほかには「と」「ともニ」で読むことができる。「A与レB」は「AトBと」「ABと」「ABトともニ」と読むことができる。「…トともニ」と読むと「一緒に行動する」の意味だが、「盗賊とともに行動をする」では意味が通じない。ここは「盗賊と」と読めばよい。「何別」の「**何**」は「**なんゾ**」と読み、疑問・反語をあらわす疑問副詞で「どうして」という意味。「別」は「区別する」の意味がある。前半部分の「道理にあわない間違ったことをして手に入れたもの」の意味から、「盗賊と区別がつかない、同じである」という意味になるであろう。するとここは「不レ別」と同じ意味になるので反語になると考えられる。「何ぞ別たん」と読めばよい。

前半と後半のつながりは、文意から前半部分の読点「、」のところまでが仮定条件になることがわかるので、接続助詞の「ば」を補って読むことになる。ただし、「非レ理所レ得」が「所」で終わっているので、述部を送り仮名で補うことになる。断定の助動詞「なり」の未然形「なら」に接続助詞「ば」を接続させて「ならば」を補って書き下す。

以上から「如し其れ理に非ずして得る所ならば、此れ盗賊と何ぞ別たん」と書き下すことになる。正解は④となる。

(ii) 解釈の問題。先に書き下し文ができていれば、それを解釈すればよい。語句をほかの言葉に書き換えてあることもある。また、基本句形も公式どおりではないかもしれないので日本語表現に注意する。

(i)の書き下し文でほぼ意味は理解できる。前半の「如其非レ理所レ得」の「其」は強調の意味なので特に訳出する必要はない。「非レ理」の「理」は「道理」「論理」「整然とした美しさ」などの意味がある。「非レ理」で「道理に合わない」「間違った」などの意味、「所レ得」は「手に入れたもの」の意味になる。文意のつながりから「道理にあわないことをして手に入れたもの」と解釈できる。「如」は「もシ」と読んで仮定条件節を導くので、前半部分の条件節の結びとして「…ならば」と訳す。

後半の「此与二盗賊一何別」は反語であることがわかるように訳す。「盗賊とどうして区別できようか、いや区別できない」と解釈すればよいが、反語は結論だけ示して言い切ることがあり「盗賊と区別できない・同じである」と訳すこともできる。

以上をまとめると「もし道理にあわない間違ったことをして手に入れた品物であるならば、これは盗賊とどうして区別できようか」と解釈する選択肢②が正解となる。

問5　正解　(i)=⑤　(ii)=③　会話形式の問題。

対話形式の問題は、本文全体の内容・論旨を理解したうえで、会話の中心人物がどのように本文内容を理解しているか、何を主張しているかを読み取る必要がある。

傍線部の「孟母不レ受二魚鮓之饋一」は「孟子の母が漬け込んだ魚の贈り物を受け取らなかった」という意味になる。この逸話は、崔玄暐の母が、仕官した息子が父母に金品を贈ると、その父母は喜ぶばかりでそのものがどこから来たのかを問題にしないことへの批判としてあげている。贈り物をどのようにして手に入れたかが問題なのである。「道理にあわない間違ったことをして手に入れた品物」であれば、「悪」となる。この孟母の逸話のあとにある「蓋為レ此也」は、母が「私が思うにこのためであろう」と自分の主張を裏付けようとしている意味になる。生徒Bがいう「このため」の内容は、直前にある「たとえ大きな咎めを受けることがなくとも、自分だけは心中に恥ずかしく思わずにはいられないのである」の部分になる。母は、道理にあわないことで手に入れたのでは盗賊と同じであり、それを贈っても親孝行にはならないと考えていた。母の戒めとは官吏としての有り様を教えるものだったのである。母の発言の最後にある「官吏として忠誠を尽くし清廉潔白であり、わが身を修め自己のおこないを正しくするのがよいのである。私のこの心を煩わせるな」という言葉から、母の教え・戒めを考えることができる。この最後の言葉にある「忠清」は「まことがあって清らかなこと」の意味である。「忠誠・忠義・忠実」や「清廉・清潔・清純」などの熟語から意味を考えることができる。官吏としての有り様は「忠誠を尽くし清廉潔白である」「道理にあわない間違ったことをして金銭や物品を得るようなことはしてはならない」と言うことになる。

以上のことから、X に入る言葉は選択肢⑤の「清廉潔白」となる。①の「精励刻苦」は「力を尽くして努力すること」、②の「悠悠自適」は「のんびりと自分の思うままに楽しむこと」、③の「清濁併呑」は「よいことも悪いこともあるがまま認めて受け入れること」、④の「唯唯諾諾」は「事の善悪にかかわらず人の言葉に従うこと」、⑤の「清廉潔白」は「心や行いが正しく清らかで汚れがないこと」という意味になる。

前後の文脈から Y では生徒Aは、崔玄暐の母の教え・戒めを理解できていると考えられる。つまり、「独不㆑内㆓愧於心㆒」から「自分だけは心中に恥ずかしいと思わなくてはいけない」という意味になる選択肢③が正解。

問６　正解＝①・⑤　内容把握の問題。

内容把握の問題は、全体の内容から主張を読み取り、その主張から推論できる範囲まで含めて考える。選択肢の吟味には時間をかけて、設問の答えになっているかどうか、書き換えている語句の意味は適切かに注意しよう。

傍線部の「母氏教誡」とは崔玄暐の母の発言部全体から読み取れる教え、戒める内容になる。これまで見てきたように、官吏としての心構え・心得・有り様になる。

選択肢①は父母への贈り物は官吏としての報酬のあまりであればよいことであるといっているので、正解となる。

②の「自分の裁量で金銭を得て」とは本文中に書かれていない。③の「盗賊を取り締まってゆく」は本文中にはない。

④の、父母が子どもからの贈り物の出所を考えるべきで、むやみに受け取ってはいけないというのは、官吏となった子どもの親に対する戒めになる。「母氏教誡」とは官吏になった崔玄暐への戒めでなくてはいけない。これは設問の答えにはなっていない。⑤は母の発言の中では最後の結論部分にある言葉となるので、正解となる。

第5問 「黄鶴楼」『箋註唐詩選』

解答

設問	配点	解答番号	正解	自己採点欄
1	各4点	1	④	
		2	⑤	
2	5点	3	⑤	
3	5点	4	③	
4	各4点	5	②	
		6	⑤	
		7	①	
5	7点	8	④	
6	各4点	9・10	③・④※	
合計			／45点	

※解答の順序は問わない。

出典

【詩】

李攀竜《りはんりょう》編『唐詩選《とうしせん》』巻五 崔顥《さいこう》「黄鶴楼」

『唐詩選』は、明代に編まれた唐詩の選集。編者は李攀竜とされるが、明末の書店が李攀竜とその一派の選集から抜粋して李の名前をかぶせたものという説もある。ただし直接の編者ではなくとも、李攀竜の詩論に忠実に従ったものである。

崔顥《さいこう》（七〇四～七五四）は汴州（河南省開封市）の人、開元十一年（七二三）に進士に及第し、司勲員外郎に至った。盛唐の詩人。若い頃は浮艶な詩を作っていたが、晩年は風格の高い、気骨に富む作風であった。この「黄鶴楼」の詩は名作と称せられる。李白が黄鶴楼に登ったとき、壁に書き付けられたこの詩を見て、これ以上のものはできないと作詩を断念したという。

【文章】

戸崎淡園《とさきたんえん》『箋註唐詩選《せんちゅうとうしせん》』巻五

日本では江戸時代中期に荻生徂徠一門が『唐詩選』を愛好して世間に流行した。その後、戸崎淡園の『箋註唐詩選』（一七八四年・天明四年）というすぐれた注釈書も出された。戸崎淡園（一七二四～一八〇六）は江戸中期の漢学者、守山藩に仕え、徂徠学を学んだ。

全体の構成

【詩】

「黄鶴楼」は七言律詩なので、基本的には「二字＋二字＋三字」で意味まとまりができている。前半四句では黄鶴楼の伝説と目の前にある黄鶴楼を重ねて、今は黄鶴楼と白雲だけが残っている虚しさを詠み、後半は遠景の「漢陽樹」、近景の「鸚鵡洲」などから望郷の念を詠う。風景の中に感情を詠み込んで奥行きが生じている。さらに前半と後半で時間と空間を表現しているところも名作と称されるところだろう。

【文章】

「黄鶴楼」にまつわる伝説が『箋註唐詩選』の引用する話。辛氏が酒代を払えない老人に、酒を飲ませていたところ、酒代の代わりに壁に黄鶴の絵を描いた。手をたたいて歌うとこの黄鶴が舞うのが評判となって、辛氏の店は繁盛して巨万の富を得る。十年後老人がやって来て、黄鶴にまたがり白雲に乗って飛び去ってしまった。辛氏は楼を建て黄鶴楼としたという。黄鶴楼の伝説はほかにもいくつかある。

読み方

（ルビについて、音読みは現代仮名遣いにより片仮名、訓読みは歴史的仮名遣いにより平仮名で表記。）

【詩】

黄鶴楼《コウカクロウ》　崔顥《サイコウ》

昔人《セキジン》已《すで》に白雲《ハクウン》に乗《の》りて去《さ》り　此《こ》の地《チ》空《むな》しく余《あま》す黄鶴楼《コウカクロウ》
黄鶴《コウカク》一《ひと》たび去《さ》りて復《ま》た返《かへ》らず　白雲《ハクウン》千載《センサイ》空《むな》しく悠悠《ユウユウ》たり
晴川《セイセン》歴歴《レキレキ》たり漢陽《カンヨウ》の樹《ジュ》　芳草《ホウソウ》萋萋《セイセイ》たり鸚鵡洲《オウムシュウ》
日暮《ニチボ》郷関《キョウカン》何《いづ》れの処《ところ》か是《これ》なる　煙波《エンパ》江上《コウジョウ》人《ひと》をして愁《うれ》へしむ

【文章】

江夏郡《コウカグン》の辛氏《シンシ》は、酒《さけ》を沽《う》るを業《なりはひ》と為《な》す。一先生《イチセンセイ》来《き》たり、魁《カイ》偉《イ》襤褸《ランル》にして、従容《ショウヨウ》として辛氏《シンシ》に謂《い》ひて曰《い》はく、「飲酒《インシュ》を許《ゆる》すや否《いな》や」と。辛氏《シンシ》は敢《あ》へて辞《ジ》せず。飲《の》ましむるに巨杯《キョハイ》を以《もっ》てす。此《か》くのごとくすること半歳《ハンサイ》、辛氏《シンシ》少《すこ》しも倦色《ケンショク》無《な》し。一日先生《イチジッセンセイ》辛氏《シンシ》に謂《い》ひて曰《い》はく、「多《おほ》く酒債《シュサイ》を負《お》ふも、汝《なんぢ》に酬《むく》ゆべき無《な》し」と。遂《つひ》に小籃《ショウラン》の橘皮《キッピ》を取《と》りて鶴《つる》を壁《かべ》に画《えが》く。乃《すなは》ち黄色《きいろ》と為《な》りて、坐《ザ》する者《もの》手《て》を拍《う》ちて之《これ》に歌《うた》へば、黄鶴蹁躚《コウカクヘンセン》として舞《ま》ひ律《リツ》に合《ガッ》し節《ふし》に応《オウ》ず。衆人銭《シュウジンぜに》を費《つひ》やして之《これ》を観《み》る。十年《ジュウネン》ばかりにして辛《シン》氏《シ》は巨万《キョマン》を累《かさ》ぬ。後先生飄然《のちセンセイヒョウゼン》として至《いた》る。辛氏謝《シンシシャ》して曰《い》はく、「願《ねが》はくは先生《センセイ》の為《ため》に供給《キョウキュウ》すること意《イ》のごとくせん」と。先生《センセイ》笑《わら》ひて曰《い》はく、「吾《われ》豈《あ》に此《これ》が為《ため》ならんや」と。忽《たちま》ち笛《ふえ》を取《と》りて吹《ふ》くこと数弄《スウロウ》。須臾《シュユ》にして白雲空《ハクウンそら》より下《くだ》り、画鶴先生《ガカクセンセイ》の前《まへ》に飛《ヒ》来《ライ》す。遂《つひ》に鶴《つる》に跨《また》がり雲《くも》に乗《の》りて去《さ》る。此《ここ》に於《お》いて辛氏楼《シンシロウ》を建《た》て、名《な》づけて黄鶴《コウカク》と曰《い》ふ。

通釈

【詩】

黄鶴楼　崔顥

いにしえの人はもはや白雲に乗って去ってしまい
この地には今はむなしく残るばかり、黄鶴楼
黄鶴は飛び去ってそれきり返ってこない
白雲だけは千年の昔も今も関係なくゆったりとのどかに浮かんでいる
晴れ渡った川の向こうには、はっきりと見渡せる、漢陽の木々
美しい花をつけた草が勢いよく生い茂っている、鸚鵡洲に
日暮れどき、わが故郷はどのあたりだろうか
もやがたちこめる川面、わたしを深い寂しさがつつみこむ

【文章】

江夏郡の辛氏は、酒を売ることを生業としていた。ひとりの老人がやってきて、体が大きくて立派だがぼろぼろの衣服をまとった姿で、ゆったりと落ち着いた様子で辛氏に向かって言った、「酒を飲ませてくれるか」と。辛氏は断ろうともしなかった。大きな杯で酒を飲ませた。半年ほどこのように飲ませてやったが、辛氏は少しもいやな顔をしなかった。ある日老人は辛氏に向かって言った、「たくさん酒の借金もたまったが、お前さんにお返しできるかわからない」と。そのまま小さなかごの中にある蜜柑の皮を取って鶴を壁に描いた。なんと黄色の鶴ができあがり、店にいた客たちが手を拍ってその鶴に歌ったところ、黄鶴は軽やかにひらひらと舞い、歌の調子に合わせ節に応じた。人々は金を払ってこれを見にきた。十年ほどして辛氏は巨万の富をきずいた。その後老人がふらりとやってきた。辛氏はお礼を言った、「どうかご老人のためにお望みのまま何なりとさせてください」と。老人は笑って言った、「私はそんなお礼のためにしたのではないよ」と。にわかに笛を取り出して数曲吹いた。しばらくして白雲が空から下りてきて、壁に描いた鶴が老人の前に飛んできた。そのまま老人は鶴にまたがり雲に乗って飛び去ってしまった。そこで辛氏は楼閣を建て、名づけて黄鶴楼と言った。

基本句形・語法・語釈

○昔人＝いにしえの人。ここでは仙人。**【文章】**の「先生」と同じ人物。

○**不二復返一**＝部分否定。「**不二復V一**」で「**まタVセず**」と読み、「二度とVしない」「もう・もはやVしない」という意味になる。

○先生＝年長者。先に生まれた人の意味。ここでは老人のことであり、後の話から仙人であることがわかる。

○**従容**＝「**しょうようトシテ**」と読み、「ゆったりと落ち着いた様子」の意味になる。

○飲以二巨杯一＝「**V以レA**」で「**VスルニAヲもつテス**」と読む。「以レAV」（AヲもつテVス）の倒置で強調構文となる。「以」は手段方法・原因理由・目的語の強調をあらわす。「Aを使って（Aによって）Vする」「Aのために（Aが原因で）Vする」「AをVする」の意味になる。ここは「飲」に使役の助動詞「シム」を補読しているので、「大きな杯で酒を飲ませた」という意味になる。

○**一日**＝「**いちじつ**」と読み、「ある日」の意味。

○十年許＝「じゅうねんばかリニシテ」と読み、「十年ほどして」の意味になる。「**許**」は「**ばかリ**」と読み、数詞などの後ろに付けて、概数を表す。おおよその程度であることをあらわす。

○**謝**＝「**しゃス**」と読み、「お礼を言う」の意味。「謝」は多義語で「あやまる（陳謝・謝罪）」「ことわる・辞退する（謝絶）」

「去る・代わる（新陳代謝）」「あいさつする・礼を言う（感謝・謝礼・謝恩）」などの意味がある。

○**願…＝「ねがハクハ…V（セ）ン」**と読み、「ぜひ…Vしたい」「どうか…Vさせてください」という自己の願望の意味になる。また、「ねがハクハ…Vセヨ」と文末を命令形で読むと「どうか…Vしてください」という他者への願望の意味になる。

○**忽＝「たちまチ」**と読み、「にわかに・突然・忽然」の意味になる。

○**須臾＝「しゅゆニシテ」**と読み、「しばらくして」の意味。「須臾」は短時間、少しの時間の意味をあらわす。

解説

問1　正解　(1)＝④　(2)＝⑤　熟語問題。

(1)　傍線部の「負」は目的語に「酒債」とあるように、酒代を引き受けること。「負債」が正解。「負傷」は「傷を負うこと」、「勝負」は「勝ち負け」、「自負」は「自信を持ち誇らしく思うこと」、「負極」は「マイナスの極」のことになる。

(2)　傍線部の「謝」の次にある会話文はお礼を言っている。「礼を言う」意味になるのは「感謝」となる。「陳謝」は「あやまる」、「謝絶」は「ことわる」、「代謝」は「かわる」、「謝罪」は「あやまる」の意味になる。

問2　正解＝⑤　押韻の問題。

漢詩の問題では必ず押韻の問題が出ると思った方がよい。「押韻」とは漢字一字の古代中国語としての発音上の響きが同じグループになることをいう。南宋の「平水韻」では一〇六韻に分けられる。ただし、絶対ルールとして、漢詩はすべて**「偶数句末」は必ず韻を踏む**。七言詩では第一句末も韻を踏むことが多いが、韻を踏まないものを「踏み落とし」という。七言詩の第一句末は「必ず」ではない。「踏まなくてもいいよルール」がある。

押韻問題は句末の空欄補充問題になっている。空欄の前後の偶数句末の漢字の韻を考えればよい。**解くためには便宜的方法を使う**。まず偶数句末のそれぞれの漢字の音読みを考える。それをローマ字で表記する。最初の子音部分すべてを取り除いた残りの部分を韻であると考える。最初の母音から後ろ全部と考えてもよい。最後の母音だけをそろえるのではない。次に選択肢の漢字の韻を考えて偶数句末と同じ韻を探す。最後に意味を確認する。空欄補充問題だからといって、なんとなく意味が通じそうな漢字を選んではいけない。

この詩で空欄以外の偶数句末の漢字は、「楼」と「洲」と「愁」。それぞれの音読みは「ロウ（r-ou）」「シュウ（sy-uu）」「シュウ（sy-uu）」となる。現代日本語の音読みなので古代中国語の発音とはズレが生じてしまう。同じ韻ではないかのように思うかもしれない。だが、「偶数句末は韻を踏む」は絶対ルールである。平水韻では平声の「下平十一尤」の韻ですべて一致している。必ず韻は踏んでいるのである。あくまでも便宜的方法なのでズレは生じる。ただ、これで問題は解けるようになっている。選択肢の漢字は「遠（en）」「容（y-ou）」「然（z-en）」「長（ty-ou）」「悠（y-uu）」である。現代日本語で考えた韻は「-ou」と「-uu」であったので「容」「長」と「悠」が残る。空欄補充の「空悠**X**」に当てはめると、「容」では意味をなさない。「悠長」では「久しい、どこまでも続くさま」でやはり意味が通じない。ちなみに「気が長く、のんびりしている」は日本語としての意味。漢文世界の意味ではない。「悠悠自適」という四字熟語は知っているだろう。「空悠悠」が正解となる。「悠悠」とは「ゆったりとのどかにしているさま」の意味になる。ちなみに「容」は平水韻では平声の「上平二冬」の韻である。

問3　正解＝③　書き下し文と解釈の問題。

書き下し文とその解釈の組合せを選ぶ問題。書き下し文か解釈がわかれば解けることになるが、必ず照らし合わせて確認すること。

まず、「日暮」は「にちぼ」と読み、「日暮れ」の意味。「暮」は「くれる・終わりになる」の意味で「くル」と読む。漢文では「暮らす」と読むことはない。「郷関」は注に「故郷」とある。

次に、「何処」は「いづレノところ」「いづこ」と読んで「どこ・どこそこ」の意味、ここは疑問副詞として疑問文になり、「何処是」で「いづレノところカこれナル」と読んで「どこがこれだろうか」の意味になる。「是」が「郷関（故郷）」を指しているので、「どこが故郷だろうか」という意味になる。

以上から、「日暮郷関何れの処か是なる」と書き下して、「日暮れどき、わが故郷はどのあたりだろうか」と解釈している③が正解。

問4　正解　B＝②　C＝⑤　E＝①　解釈の問題。

基本句形・語法を手がかりとして前後の文脈、文意を考えて解釈する。

B

「許二飲酒一否」は、「V否」（Vスルヤいなヤ）という疑問の句形。「Vするか（どうか）」という意味になる。「許」には「ゆるす・認める」の意味があり、直訳すると「飲酒を許すか」「飲酒を認めるか」となるが、ここははじめて老人が辛氏の店に酒を飲みに来た場面であることを考える。ぼろぼろの衣服を着ていたことや半年後の会話で酒の借金がたまったと言っているので、酒代は支払っていないことがわかる。するとこの発言は「（ただで）酒を飲ませてくれるか」という意味であることがわかる。

C

「不二敢辞一」は、**「不二敢V一」**で**「あへてVせず」**と読む語法になる。「敢」は「勇敢・果敢」の熟語からわかるように「無理に・強いて・進んで（…する）」という強い意志を表している。「不㆓敢Ｖ㆒」は「Ｖするつもりはない・Ｖしようとはしない」という意味になる。「辞」は多義語で多くの意味があるが、ここは辛氏が老人の申し出を受け入れて酒をただで飲ませてやった場面であることから、「断る」の意味として「断ろうともしなかった」という意味で考えられる。

E 「吾豈為ㇾ此」は、「豈」の文末を「ナランヤ」と読んでいる。「んや」で結んでいると反語になるのでこの「豈」も反語の意味でとる。反語の意味を確認するには「豈」を「不」に置き換えて否定して意味が通じるか考えればよい。「私はこれのためではない」といっていることになる。「此」は、直前の辛氏がお礼をしたいと申し出ている言葉を指している。「私はそんなお礼のためにしたのではない」と解釈できる。

問5　正解＝④　理由説明の問題。

傍線部までの文脈からどうしてそのようなことができたのかという理由を探す。

ここの場面は老人が来なくなって十年ほどたった後のことである。老人は十年前に黄鶴を店の壁に描いている。その黄鶴はお客の手拍子や歌にあわせて舞ったのである。人々は金を払ってこれを見に来た。辛氏の店は大繁盛したであろう。それが十年続いたので大金持ちになったと考えられる。「巨万」は富の大きさを表している。「多くの人が、お金を出して壁に描かれた黄鶴の舞いを見に来たから」巨万の富を築いたのである。

問6　正解＝③・④　漢詩の表現についての問題。

漢詩は一つの語句の有無、相違だけで全体の意味や趣が異なってしまう。全体の構成や語句から、筆者の考えをどのように理解することができるかを考えてゆく。

「白雲」とすると、第一句と第三句で昔の伝説に登場した「白雲」と「黄鶴」、第二句と第四句で現在も残っている目の前の「黄鶴楼」と「白雲」が対応していることがわかる。

「黄鶴」とすると、前半三句で「黄鶴」を三度繰り返すことでリズムが生まれる。そのリズムによって、伝説世界に引き込まれていくことになる。第四句の「白雲」が今の現実のものであるので、伝説世界から現実世界に引き戻された印象を持つことができる。また「漢陽樹」「鸚鵡洲」も目の前にある現実世界のものとして考えているだろう。

①の「白」の色は関係ない。「この伝説が本当にあった話」かどうかも問題ではないだろう。②の「黄」の色は「仙人が着る衣の色」であるのは確かだが、「神仙世界と現実世界が表裏一体である」とはどこからも考えられない。⑤の「大きな違いはなく」と考えては表現の違いを問うこの設問が成立しない。設問の問いかけの意図を考えることが必要である。

第6問 『顔氏家訓』『老子』

解答

設問	配点	解答番号	正解	自己採点欄
1	各4点	1	④	
		2	③	
2	6点	3	②	
3	6点	4	①	
4	6点	5	⑤	
5	6点	6	②	
6	6点	7	⑤	
7	7点	8	⑤	
合計			／45点	

出典

『顔氏家訓《がんしかくん》』 巻三・勉学

『顔氏家訓』七巻は北斉の顔之推撰、六世紀末の成立。顔之推《がんしすい》（五三一〜?）は南朝の梁に仕えた。字は介、琅邪（山東省）の人。梁滅亡とともに北朝西魏に囚われの身となり、北斉に脱出。北斉の文人官僚として活躍し、北斉滅亡後は北周に仕えて隋で没した。

本書は顔之推が子孫に残した教訓の書であり、完全な形で伝わるものである。著者自らの数奇な人生体験から、家族のあり方、学問・教養や文章、処世の術などあらゆる分野にわたって意見が述べられている。また、当時の貴族社会の具体的な姿を示す貴重な記録である。

『老子』 第七十章

『老子』は戦国時代の老子の思想を説く書。道家の祖とされる老子は、姓は李、名は耳、字は耼《たん》という。老子が函谷関の関守の尹喜の求めに応じて道徳に関する上下二編の書を与えたと伝えられている。上編は道経、下編は徳経で『老子道徳経』ともいう。天地万物の本源を道であるとし、作為を捨てて自然のままに生きる無為自然を説いた。

全体の構成

まず、本文全体の論の構造を把握する。

第一段落では、梁朝の全盛期では貴族の子弟で学問していない者は、外見を立派にし（無㆑不㆓熏㆑衣……若㆓神仙㆒）、さらに他人の力を借りて世の中を渡っていくことができる（明経求㆑第……仮㆑手賦㆑詩）。そのときには「痛快な人物」（快士）とされる。すべて貴族であることに慢心した無学ぶり（無㆓学術㆒）を伝えている。

第二段落では、大乱である侯景の乱以後には、だれも頼る者がいなくなり、昔のように世の中に出ていくことができなくなる。学問していないために自分自身にも頼りとすべきものが何もない、世の中にも何の役にも立たない。落ちぶれた身には何の宝物（珠＝能力）もなく、貴族という飾りを失って無力ぶりを露呈し（露レ質）、戦乱のうちに死んで行くと述べる。

第三段落では、学問している者はどこへ行っても安らかな生活ができる。身分の低い者でも学問があれば人の先生となれるが、身分の高い者でも学問していないとたいした仕事にもつけない。自分から努力して学問すれば、千年の後まで身分の低い者にはならないと説いている。これが顔之推の主張、結論である。

読み方

（ルビについて、音読みは現代仮名遣いにより片仮名、訓読みは歴史的仮名遣いにより平仮名で表記。）

梁朝全盛《リョウチョウゼンセイ》の時《とき》、貴遊《キユウ》の子弟《シテイ》、多《おほ》く学術《ガクジュツ》無《な》し。諺《ことわざ》に「車《くるま》に上《のぼ》りて落《お》ちずんば、則《すなは》ち著作《チョサク》たり。体中《タイチュウ》何如《いかん》とせば、則《すなは》ち秘書《ヒショ》たり」と云《い》ふに至《いた》る。衣《ころも》に熏《クン》じ面《おもて》を剃《テイ》し、粉《フン》を傅《つ》け朱《シュ》を施《ほどこ》さざるは無《な》し。従容《ショウヨウ》として出入《シュツニュウ》するは、望《のぞ》めば神仙《シンセン》のごとし。明経《メイケイ》に第《ダイ》を求《もと》むれば、則《すなは》ち人《ひと》を顧《やと》ひて策《サク》に答《こた》へ、三九《サンキュウ》の公讌《コウエン》あれば、則《すなは》ち手《て》を仮《か》りて詩《シ》を賦《フ》す。爾《そ》の時《とき》に当《あた》りては、亦《ま》た快士《カイシ》なり。離乱《リラン》の後《のち》に及《およ》びて、朝市《チョウシ》遷革《センカク》し、銓衡選挙《センコウセンキョ》は、復《ま》た曩者《さき》の親《シン》に非ず。当路《トウロ》に権《ケン》を秉《と》るもの、昔時《セキジ》の党《トウ》を見《み》ず。諸《これ》を身《み》に求《もと》むるも得《う》る所《ところ》無《な》く、之《これ》を世《よ》に施《ほどこ》すも用《もち》ふる所《ところ》無《な》し。褐《カツ》を被《き》れども珠《たま》を喪《うしな》ひ、皮《かは》を失《うしな》ひて質《からだ》を露《あら》はす。戎馬《ジュウバ》の間《カン》に鹿独《ロクドク》し、溝壑《コウガク》の際《きは》に転死《テンシ》す。爾《そ》の時《とき》に当《あた》りては、誠《まこと》に駑材《ドザイ》なり。学芸《ガクゲイ》有《あ》る者《もの》は、地《チ》に触《ふ》れて安《やす》んず。荒乱《コウラン》より已来《イライ》、諸《もろもろ》俘虜《フリョ》を見《み》る。百世《ヒャクセイ》の小人《ショウジン》と雖《いへど》も、論語《ロンゴ》・孝経《コウケイ》を読《よ》むを知《し》る者《もの》は、尚《な》ほ人《ひと》の師《シ》と為《な》る。千載《センザイ》の冠冕《カンベン》と雖《いへど》も、書記《ショキ》を暁《さと》らざる者《もの》は、田《た》を耕《たがや》し馬《うま》を養《やしな》はざるは莫《な》し。此《これ》を以《もつ》て之《これ》を観《み》るに、安《いづ》くんぞ自《みづか》ら勉《つと》めざるべけんや。若《も》し能《よ》く常《つね》に数百巻《スウヒャクカン》の書《ショ》を保《たも》たば、千《セン》載《ザイ》終《つひ》に小人《ショウジン》と為《な》らざるなり。

【資料】

吾《わ》が言《ゲン》は甚《はなは》だ知《し》り易《やす》く、甚《はなは》だ行《おこな》ひ易《やす》きに、天下《テンカ》能《よ》く知《し》る莫《な》く、能《よ》く行《おこな》ふ莫《な》し。言《ゲン》に宗《ソウ》有《あ》り、事《こと》に君《クン》有《あ》り。夫《そ》れ唯《た》だ知《し》ること無《な》し、是《ここ》を以《もつ》て我《われ》を知《し》らず。我《われ》を知《し》る者《もの》は希《まれ》なれば、則《すなは》ち我《われ》は貴《たふと》し。是《ここ》を以《もつ》て聖人《セイジン》褐《カツ》を被《き》て玉《ギョク》を懐《いだ》く。

通釈

梁王朝全盛の時代、王公貴族の子弟たちは、多くは学問の素養がなかった。（だから）諺に「車に乗って落ちなければ、著作佐郎になれる。ご機嫌いかがですかと挨拶が書けるならば、秘書郎になれる」と言われたものであった。（彼らは）衣服には香を焚き込め顔を剃って、おしろいをぬり紅をつけていないものはいない。ゆったりと落ち着いて出入りする様子は、遠くから眺めるとまるで神仙世界の人のようである。明経科の試験で合格を求めれば、そのときは人をたのみ答案を書き、元老や大臣たち主催の宴会があれば、そのときは人の手を借りて詩を作る。その時はそれで痛快な人物であったのである。

（ところが）争乱の後では、朝廷や世の中がすっかり変わり、官吏の推挙や選考は、もはや昔の情実関係や縁故によるものではなくなった。要路で権力を握る者に、昔の党派の者は見つからなかった。個人としての実力を我が身に求めても何の能力もなく、世の中に役立とうにも役立つ能力など何もなかった。下賤な者が着る衣をまとえども心には肝腎の玉を懐いているはずもなく、虎の皮衣を失って本性をあらわしている（貴族という飾りを失って無力ぶりを露呈している）。戦乱の中をさまよい、どぶの中に行き倒れて死んでしまう。そうなったときには、本当に能無しの愚か者というほかはなかった。

　学業を身につけている者は、地道で安定している。あの戦乱以来、多くの捕虜になった者を見てきた。代々低い身分の者であっても、『論語』『孝経』が読める者は、やはり人の師匠となったものである。（しかし）何世代もの高位高官の家柄でも、書籍を読みこなせない者は、田を耕し馬を世話するほかなかった。こうした実例を見ると、学問に努めなければならない。もしいつも数百巻の書物を大切に守れば、千年経っても結局低い身分になることはない。

【資料】

　私の言葉はとてもわかりやすく、とても行いやすいが、世の中の人々にはわかることができなく、行うことができない。私の言葉には中心があり、その行いには根本がある。（それは根源的な道である。）そもそもただ人々には何もわからない、だから私のこともわからないのである。私をわかる者はほとんどいないので、つまり私は貴い存在だといえる。だから聖人は身なりが下賤でも、心には玉を懐いて豊かである。

基本句形・語法・語釈

○**望**＝**「のぞム」**と読み、「遠くから眺める」「遠くを眺める」の意味がある。ほかに「期待する・願う」「様子を見る・うかがう」「とがめる・うらむ」などの意味もある。

○**仮**＝**「かル」**と読み、「借りる・利用する」の意味。

○**戎馬**＝**「じゅうば」**と読み、「戦争に使う馬・軍馬」「兵車をひく馬」「戦争・軍隊」などの意味がある。

○**安**＝**「やすンズ」**と読み、「落ち着かせる」「安定させる」「安らかにする」などの意味がある。ほかには「いづクンゾ」（どうして）、「いづクニ（カ）」（どこに）という疑問副詞の読みもある。

○**小人**＝**「しょうじん」**と読み、「身分の低い者・庶民」の意味。ほかに「徳のないつまらない人物」「背の低い人」「召使い」などの意味がある。

解説

問1　正解　(ア)＝④　(イ)＝③　短文の意味の問題。

返り点・送り仮名の付いている短文の意味を答える問題。

全体の論旨に加えて、基本的な構文・語法に注意して意味を考える。

(ア)「求㆓諸身㆒」の「**諸**」は「**これ**」と読む。「之於」の代用（二文字分と同じ発音の一文字で済ませる合字）として用いる。前の動詞の目的語と後ろの名詞・代名詞の前置詞とを兼ねる。「V㆓諸C㆒」（これヲCニVス）が「V㆓之於C㆒」（これヲCニVス）と同じになる。ここは、「これヲみニもとム」と読むことになる。「身」は「我が身」の意味。「諸（これ）」が指すものがなにかを考える。この段落は「離乱之後」（争乱の後）の時代である。朝廷にはだれも頼る者がいなくなり、昔の縁故では世の中に出ていくことができなくなった。このときに頼るものは自分の中に求めるしかない。「個人の実力」ということになる。それは学問によるものであることが全体の論旨から理解できるだろう。(ア)の意味は「個人としての実力を我が身に求めても」となる。

(イ)「雖㆓百世小人㆒」の「百世」は「代々の・何代も」の意味になる。「小人」は「身分の低い者」の意味。「雖」には逆接仮定（としても・であっても）と逆接確定（けれども）の意味がある。ここの主語は第三段落冒頭の「有㆓学芸㆒者」である。後ろの文に「尚為㆓人師㆒」とあることから、「学業を身につけている者」は「代々身分の低い者」であっても「やはり人の師匠となる」という意味になるので、逆接仮定でつなぐことになる。(イ)の意味は「代々低い身分の者であっても」となる。

問2 正解＝② 解釈の問題。

返り点・送り仮名の付いた一文を解釈する問題。基本句形に注意して、省略されているものを補って解釈すること。注や前後の文脈からこの諺が何を意味しているのかを考えるとよい。選択肢を吟味する前に七割ぐらいは意味を考えておこう。

前文から「貴遊子弟」の多くは学問していない者であることが前提となっている。その貴族の子弟に対する諺である。まず、「上㆑車不㆑落」は、仮定条件で読んでいる。漢文では「未然形＋ば」は仮定条件を、「已然形＋ば」は仮定条件と確定条件の両方をあらわす。「ず」＋「バ」＝「ずンバ」「ざレバ」となる。漢文では「ずんば」は「ず」＋撥音便「ん」＋接続助詞「ば」と考える。必ず仮定で「ないならば」の意味をあらわしている。また、二重否定の「ずんばあらず」は「ず」＋撥音便「ん」＋係助詞「は」の濁音＋補助動詞「あり」＋「ず」と考えて「しないわけにはいかない」などの意味になり、仮定の意はない。ちなみに、「未然形＋ば」の時に「ざらば」と読むことは漢文の読みくせ上、ほとんどない。

「則」は「…バ、すなはチ」と読み、上の条件節（句）をうけて、「…するならば、その場合はこういうことになる」という論理的な結びつきをあらわす。直前に仮定条件節か確定条件節をともなう。「則」に仮定の意味があるのではなく、強意の意味で「その場合は・そのときは」「つまり」と訳すことがある。ここは「車に乗って落ちないならば」という意味になる。さらに、「著作」は、注から次の文の「秘書」とともに（未官の）「貴遊子弟」の初任の官であるから、「著作たり」は「著作佐郎になれる」、「秘書たり」は「秘書郎になれる」の意味になる。

次に、「体中何如」は、注から「ご機嫌いかがですか」という、手紙を書く時の、当時の決まり文句であることがわかる。「体中何如とせば」という送り仮名は「…とするならば」「…と書けるならば」と仮定条件で解釈できる。傍線部は「車に乗って落ちなければ、著作佐郎になれる。ご機嫌いかがですかと挨拶が書けるならば、秘書郎になれる」と解釈できる。学問せずとも世に出られる、しかも将来有望な官に就くことのできる貴族の子弟を揶揄しているのである。

問3　正解＝①　意味説明の問題。

返り点・送り仮名のある短文の意味説明。基本句形・語法に注意して、述語から主語をおさえて解釈することが大切である。言葉を補って説明してゆく。基本的な語彙・語句の意味も理解しておこう。

まず、「従容出入」の**「従容」**は「ゆったりと落ち着いている様子」の意味になる。「ゆったりと落ち着いて出入りする様子は」と解釈できる。直前に「衣服には香を焚き込め顔を剃って、おしろいをぬり紅をつけていないものはいない」とあるので主語は「貴遊子弟」（貴族の子弟）ということになる。

次に「望若二神仙一」の**「望」**は「遠くから眺める・遠くを見渡す」の意味。「願う・望む」の意味ではない。さらに、**「若」**は比況の助動詞「ごとし」で読んでいる。**「若二……一」**は**「……体言＋ノ（連体形＋ガ）＋ごとシ」**と読み、「まるで…のようである・…と同じである」という意味になる。「神仙」は「神仙世界の人・仙人・不老長生の世界に遊ぶ者」の意味である。まとめると、「ゆったりと落ち着いて出入りする様子は、遠くから眺めるとまるで神仙世界の人のようである。」となる。

問4　正解＝⑤　語句の内容説明の問題。

語句の内容を対比して説明する問題。段落ごとに説明している語句を対比して理解することを求めている。選択肢を見る前にまとめておこう。

まず、「貴遊子弟」については、第一段落に「多無二学術一」（多くは学問がない）との説明がある。つまり、「学問をしていない貴族の未官の子弟」が対象である。第一段落と第二段落にある「当二爾之時一」はそれぞれ「梁朝全盛之時」と「及二離乱之後一」を指している。

次に、第一段落では、「貴遊子弟、多無二学術一」について、諺を引用した後、「外見を立派にし」、「他人の力を借りて世に出て行く」とし、それを「快士」つまり「痛快な人物」と言っている。これは貴族であることに慢心した「貴遊子弟」

の無学ぶり、学識のなさをあらわしている。

第二段落では、時代・状勢の変化によって「昔のように縁故で世に出ることができなくなった」とし、「自分を世に出すためのものは我が身には何もなく、落ちぶれた身には何の宝物（珠＝能力）もなく、貴族という飾りを失って無力ぶりを露呈し、戦乱のうちに死んで行く」とある。無学な者には自分自身にも自分を助けるものがない。だから無学な者は自力で生きて行けない。これを「能無し」と評するのである。筆者の言う「自分を助けるもの」とは、「学問・学識」である。同じ無学な貴族の子弟が、時代のあり方・風潮のために、「快士」と評され、「駑材」とも評されるのである。

選択肢は、まず「学問・学識がない」貴族の子弟を前提としてなくてはいけない。①の「上手に世渡りする」「他人の力を頼れず」は確かに一部の説明としては当てはまっているが、「学問・学識のなさ」が説明されていない。説明不足と言える。②は「謀略に長けた」「権謀術数を使えない者」は間違っていないが、これも「学問・学識のなさ」が説明されていない。③は「他人の力を利用する」は説明としては当てはまるが、本文では「財力」の有無について触れられていない。また「学問・学識のなさ」が説明されていない。④は「豊富な財力のある」「悪知恵の働かない者」は本文で説明されていない。これも「学問・学識のなさ」が説明されていない。⑤は「学識がない」「自分を助ける学問のない者」と説明があるので正解となる。

問5 正解＝② 書き下し文と解釈の組合せの問題。

白文の書き下し文と解釈の組合せの問題。**基本句形・語法を手がかりにして、文構造「SVOC」を意味と一緒に考えてゆく。白文は意味がわからなければ読むことができないということを忘れないように。**

まず、前半の「不」は動詞を否定する語であるので「不＋V」の構造になる。つまり「暁」は動詞で読むことになる。「暁」には「さとル」と読み、「明らかにする・わかる・わからせる」の意味がある。「書記」は「書き記した物・書籍」の意味。ここでは「書類を書く人・記録する人」では意味が通じない。「書記」を目的語でとらえて「不暁書記者」は「書記を暁らざる者は」と読み、「書籍を読みこなせない者は」と解釈する。

次に、**「莫不V」**は二重否定の句形。**「Vセざル（ハ）なシ」**と読み、「Vしないものはいない」「すべてVする」の意味になり、強い肯定になる。述部の「耕レ田養レ馬」は「動詞（V）＋目的語（O）」が並列されている構文で、意味のかたまりとして「たヲたがやシうまヲやしなフ」と読むことができる。二重否定の「不」に接続させるために未然形にすると「田を耕し馬を養はざるは莫し」になる。二重否定は強い表現なので「田を耕し馬を養わないものはいない・田を耕して馬を世話するほかない」と解釈する。貴族の子弟で身分の高い者でも学問していないと大した仕事にもつけないことになるといっている。

問6　正解＝⑤　白文を読み下す問題。

白文を書き下しにするのだが、すべてひらがなで読み下す問題。問5と同じように考えてゆく。

まず、**「安」**は**「いづクンゾ」**と読んで理由（どうして）を、**「いづクニ（カ）」**と読んで場所（どこに）を問う疑問副詞。疑問か反語か、さらに理由か場所かのそれぞれいずれであるかは、内容を確認した上で、文脈から判断する。さらに「安」と同じに読むものには**「寧・焉・悪・烏」**があり、このうち**「寧」だけは「いづクンゾ」と読んで反語のみ**、ほかは疑問・反語になる。また、**「安・焉・悪・烏」**は**「いづクニ（カ）」**とも読み「どこに」の意味になり、疑問が多い。

次に、「可不自勉」では「勉」が動詞となる。「自勉」では「みづかラつとム」と読み、「自分で学問する・自分で努力する」の意味になる。ここは本文最後で学問について語っている部分であることから、「勉む」とは「学問に励む」の意味で考えられる。「不」を付けて「不㆓自勉㆒」は「みづかラつとメず」と読むと「自分から学問しない・自分から努力しない」の意味になる。さらに「可」を付けて「可㆑不㆓自勉㆒」とすると、「みづかラつとメざルベシ」と読むことになる。これでは「自分で努力しなくてもよい・自分で学問しなくともよい」の意味になる。ところが、前文までの文意では学問していれば身分の低い者でも人の師となれるが、学問しなければ大した仕事につけないという主張であった。「学問しなければいけない」という主張から意味は反対になるはずである。つまり反語で読むことになる。

「可」（ベシ）を反語にするには「ベケン」と読む。「べけ」（奈良時代の未然形）＋推量「ん」となる。意味の上から反語かどうかを判断する。「安可㆑不㆓自勉㆒耶」は「いづクンゾみづかラつとメざルべケンや」と読み、「どうして学問に努めなくともよいであろうか、いや努めなくてはいけない」という意味になるが、反語は言い切ってしまう形がよいので「学問に努めなければならない」となる。

漢文では「べし」の未然形には「べけ」「べく」「べから」があり、反語で「べけん」、仮定で「べくんば」、否定で「べからず」と使い方が決まっている。

また、疑問副詞に係助詞「ぞ」が付くもの（「いづくんぞ」「なんぞ」など）では文末は「する（連体形）」・「や」で結ぶ。原則的には「か」で結ぶことはない。選択肢④のように「いづくんぞ…か」と読むことはないのである。

問7　正解＝⑤　典拠となる【資料】からの説明問題。

共通テストでは設問に**【資料】**が付されている問題がある。まずは問題文本文と典拠となった**【資料】**をしっかり読み取ることである。

二重傍線部の「被レ褐而喪レ珠」は、『老子』の言葉を踏まえているとあるので、それがどの部分かを考える。『老子』の最後の部分に「是以聖人被レ褐懐レ玉」とあるところが典拠であろう。ここの部分は、「だから聖人は身なりが下賤でも、心には玉を懐いている」という意味。つまり「理想的な人物である聖人はみすぼらしく見えても、心に玉を懐いて豊かである」という意味になる。この「玉」と二重傍線部の「珠」は同じ意味になる。二重傍線部の「喪」には「ヒ」という送り仮名があることから「うしなヒ」と読むことがわかる。二重傍線部は「珠」をなくしてしまっている。二重傍線部の主語は、貴族の子弟で「駑材」と評されるものである。争乱の後には、学問をしていない貴族の子弟は玉など懐いているはずもなかったということである。

選択肢はそれぞれ『老子』の言葉の部分を取り上げているので、それを利用すればよい。『老子』の「聖人は身なりが下賤でも、心には玉を懐いている」を踏まえて、「貴族の子弟は身なりも落ちぶれ、心の高貴さも失っている」という意味、としている選択肢⑤が正解となる。

第7問 『老学庵筆記』「哀江頭」

解答

設問	配点	解答番号	正解	自己採点欄
1	各4点	1	⑤	
		2	③	
2	6点	3	③	
3	6点	4	①	
4	8点	5	④	
5	8点	6	②	
6	9点	7	③	
合計				／45点

出典

【文章】

『老学庵筆記《ろうがくあんひっき》』 巻七

南宋の陸游《りくゆう》の随筆。陸游（一一二五～一二一〇）は南宋の詩人・文人。越州山陰（浙江省）の人。字は務観、号の放翁から陸放翁とも呼ばれる。生まれてすぐ金の侵入にあい、一家は各地を放浪し、陸游が九歳のころ山陰に落ち着いた。そのため生涯を通じて金に対する抗戦を主張した。現存する詩は九二〇〇首にもなり、北宋の蘇軾とならんで「蘇陸」と称された。

『老学庵筆記』は陸游が晩年、故郷の山陰（浙江省）に隠棲していたときに書き綴ったもの。記載されている事柄は陸游自身が見聞したものが多く、彼の優れた観察眼を示している。また、古今の詩に関する知見からは、南宋随一の詩人である陸游の詩学の一端も知ることができる。

【詩】

『全唐詩《ぜんとうし》』 巻二一六・杜甫「哀江頭」

『全唐詩』は清の康熙帝の勅命によって彭定求《ほうていきゅう》らが編纂したもので九百巻、一七〇六年成立。唐代におけるすべての詩形式を集めたもの。作者二千二百余人、詩数四万八千九百余首にものぼる。

「哀江頭」は、杜甫四十六歳のときの七言古詩。至徳二年（七五七）安禄山の軍に占拠された長安で幽閉状態にあったときの作。この詩では長安が栄華から荒廃へ転落したさまを描いている。前年に玄宗が蜀に脱出しており、玄宗と楊貴妃の悲劇もうたわれている。二人の悲劇をうたったものには白居易の「長恨歌」があるが、これは安禄山の乱から五〇年のちの作。だが、この「哀江頭」は楊貴妃が絞殺された翌年の作であり、今後どのように世の中が推移してゆくのかわからない渦中でのものになる。

「哀江頭」の最後の句の「忘南北」は伝本によって異なって

おり、『唐詩選』では「忘城北」、『杜詩詳注』では「望城北」、『杜工部集』『全唐詩』では「忘南北」となっているが、陸游がいうように同じ意味をあらわしている。

全体の構成

【文章】では、杜甫の「哀江頭」の「黄昏胡騎塵満城、欲往城南忘城北」の句の意味は、恐れまどって死から逃れようとして町の南に行こうとしたが、どちらが南であるか北であるのか、方角がわからなくなってしまったというものだと、作者は考えている。ところが、王安石はその集句詩で「城南に往かんと欲して城北を望す」としている。ある人たちは、これを王安石が間違えたのだ、改訂したのだと考えているが、それこそ誤りだという。作者の考えでは、伝本が同じでないだけで、意味は同じであるとする。つまり北方の人は「向」を「望」というからだとする。その意味は、町の南に行こうとして町の北に向かってしまったというもの、また恐れまどって死から逃れようとして、どちらが南か北かわからなくなってしまったという意味になる。

作者は、杜甫の詩の一句が、死に対して恐れまどって逃げようとしたが方角がわからなくなったという意味であると主張している。

【詩】は次のように構成されている。

最初の四句は、現在の荒廃した長安、さびれた曲江と対比して、柳やがまの新芽は青々と伸び、自然は人の世と無関係にそこにあることを述べる。

五句から十句までは、昔の栄華を思い出している。玄宗皇帝が行幸したときにはすべてのものが生き生きと輝いていた。楊貴妃は陛下のお側にはべり、女官たちは弓矢を持ち、白馬は黄金のくつわをはんでいる。

十一句から十六句は、人生の無常を詠う。女官が放った一矢が二羽の鳥を射落とし、玄宗と楊貴妃の悲劇を暗示する。楊貴妃の魂はさまよい、去って行った玄宗とともに行けなかった楊貴妃とは互いに消息が絶えてしまっている。

十七句から二十句は、人の世の無常のはかなさをいう。人は有情なので涙を流すが、自然は無情であり、永遠に尽きることなく続いてゆく。人である自分は死を恐れながら、どこへ向かったらよいのかわからなくなってしまう。

栄華から荒廃への転落、人の世の無常が、長安と曲江、玄宗と楊貴妃の悲劇の中で詠われている。人の世の転変の不条理に対して当惑し、どうしてよいかわからぬ心情を詠むしかなかったのであろう。

読み方

（ルビについて、音読みは現代仮名遣いにより片仮名、訓読みは歴史的仮名遣いにより平仮名で表記。）

【文章】

老杜《ロウト》の哀江頭《アイコウトウ》に云《い》ふ、「黄昏胡騎《コウコンコキ》塵《ちり》城に満《み》ち、城南《ジョウナン》に往《ゆ》かんと欲《ほっ》して城北《ジョウホク》を忘《わす》る」と。言《い》ふこころは方《まさ》に惶惑《コウワク》として死《シ》を避《さ》くるの際《サイ》、城南《ジョウナン》に往《ゆ》かんと欲《ほっ》して、乃《すなは》ち孰《いづ》れか南北《ナンボク》たるを記《キ》する能《あた》はざるなり。然《しか》れども荊公《ケイコウ》の集句《シュウク》に、両篇《リョウヘン》皆《みな》作《つく》る「城南《ジョウナン》に往《ゆ》かんと欲《ほっ》して城北《ジョウホク》を望《めざ》す」と。或《ある》ひと以《もっ》て舛誤《センゴ》せりと為《な》し、或《ある》ひと以《もっ》て改定《カイテイ》せりと為《な》すは、皆非《みなヒ》なり。蓋《けだ》し伝《つた》ふる所《ところ》の本《ホン》偶《たまたま》同《おな》じからず、而《しか》して意《イ》は則《すなは》ち一《イッ》なり。北人向《ホクジンコウ》を謂《い》ひて望《ボウ》と曰《い》ふ。亦《ま》た惶《コウ》惑《ワク》として死《シ》を避《さ》けんとし、南北《ナンボク》を記《キ》する能《あた》はざるの意《イ》なり。

【詩】

哀江頭《アイコウトウ》（江頭《コウトウ》に哀《かな》しむ）　杜甫《トホ》

少陵《ショウリョウ》の野老《ヤロウ》声《こゑ》を呑《の》みて哭《コク》す
春日潜行《シュンジツセンコウ》す曲江《キョクコウ》の曲《くま》
江頭《コウトウ》の宮殿千門《キュウデンセンモン》を鎖《とざ》す
細柳新蒲《サイリュウシンポ》誰《た》が為《ため》にか緑《みどり》なる
憶《おも》ふ昔霓旌南苑《むかしゲイセイナンエン》に下《くだ》りしを
苑中《エンチュウ》の万物顔色《バンブツガンショク》を生《ショウ》ず
昭陽殿裏第一《ショウヨウデンリダイイチ》の人《ひと》
輦《レン》を同《おな》じくし君《きみ》に随《したが》ひて君側《クンソク》に侍《ジ》す
輦前《レンゼン》の才人弓箭《サイジンキュウセン》を帯《お》ぶ
白馬嚼齧《ハクバシャクゲツ》す黄金《オウゴン》の勒《くつわ》
身《み》を翻《ひるがへ》して天《テン》に向《むか》ひ仰《あふ》ぎて雲《くも》を射《い》る
一箭正《イッセンまさ》に墜《おと》す双飛翼《ソウヒヨク》
明眸皓歯《メイボウコウシ》今何《いまいづ》くにか在《あ》る
血汚《ケツオ》の遊魂《ユウコン》帰《かへ》り得《え》ず
清渭《セイイ》は東流《トウリュウ》し剣閣《ケンカク》は深《ふか》し
去住彼此《キョジュウヒシ》消息《ショウソク》無《な》し
人生情《ジンセイジョウ》有《あ》り涙臆《なみだむね》を沾《ぬ》らす
江水江花《コウスイコウカ》豈《あ》に終《つひ》に極《きは》まらんや
黄昏胡騎《コウコンコキ》塵《ちり》城《しろ》に満《み》つ
城南《ジョウナン》に往《ゆ》かんと欲《ほっ》して南北《ナンボク》を忘《わす》る

通釈

【文章】

杜甫の「哀江頭」の詩にいう、「たそがれ時に胡人の騎兵の立てるほこりが長安城に立ちこめて、町の南に行こうとしてどちらが町の北かわからなくなってしまった」と。その意味はちょうど恐れまどって死から逃れようとする時に、町の南に行こうとして、なんとどちらが南であるか北であるかわからなくなってしまったというものである。けれども王安石の集句詩には二編ともに（この句を使って）「町の南に行こうとして町の北をめざす」としている。ある人はこれを間違いだと思い、ある人は王安石が改訂したのだと考えているのは、ともに誤りなのである。（私が）思うに杜甫の詩の伝本にたまたま異なっているものがあったが、けれども意味は同じなのである。北方の人は「向かう」ことを「望《めざ》す」という。その意味は町の南に行こうとして、それなのに町の北に向かったというものである。これもまた恐れまどって死から逃れようとして、どちらが南か北かわからなくなってしまったということでもある。

【詩】

曲江のほとりで悲しむ　杜甫

少陵の田舎じじいの私は、声をしのんで慟哭する
春の日にひそかに歩く、曲江の片隅を
曲江のほとりの宮殿は多くの門をすべて閉ざしている
細い柳の枝、新芽のがまは、誰のために緑なのか、（見る人もいないのに）
思えば昔、天子の虹の御旗が南苑に下られたのを
あのとき御苑の中のすべての物は美しい色つやをまとっていたものだ
昭陽殿の中の第一のお方（楊貴妃）は
皇帝陛下（玄宗）と同じ車に乗り陛下のお供をしてお側にかしずいておられた
車の先導の女官たちは弓矢をたばさみ
白馬は勇んではんでいる、黄金のくつわを
女官たちが身をひるがえして天に向かい仰ぎ見ながら雲を射る
ひと矢でまさに射落とした、二羽の飛ぶ鳥を
澄んだひとみ、白い歯のあのお方（楊貴妃）は今どこにいるのか
血に汚されたさまよう魂は帰ろうにも帰れない
清らかな渭水は東へ流れて剣閣は（はるか西の）山深くにある
去るもの（玄宗）ととどまるもの（楊貴妃）、あちらとこちらと消息も通じない
人の生には感情がある、私の涙は胸までもぬらす
無情の曲江の水、川べりの花、結局尽きることはない
たそがれ時に胡人の騎兵の立てるほこりが長安城に立ちこめる
町の南に行こうとしてどちらが町の南か北かわからなくなってしまった

基本句形・語法・語釈

○**黄昏**＝「**こうこん**」と読み、「夕暮れ時・たそがれ」の意味。

○**城**＝「**じょう**」「**しろ**」と読み、「都市・町」「城壁」の意味。前近代の中国の町は全域を城壁で囲った城郭都市であった。

○**言**＝「**いフココロハ**」と読むときは、「意味は…である」「つまり…である」という意味になる。引用文や検討を加えた語句などの内容を示したり、解釈するときに、最初に置く。「いフ」と読んでもよい。後半にある「謂フココロハ」も同じ意味になる。

○**乃**＝「**すなはチ**」と読み、「そこで」「それなのに」「なんと」「やっと」「きっと」の意味をあらわす。ここは「なんと」という驚き・詠嘆の意味になる。

○**不レ能レV**＝「**Vスル（コト）あたハず**」と読み、「Vできない・Vすることができない」という不可能の意味。肯定では「**能V**」で「**よクVス**」と読み、「Vできる」という可能の意味。

「**無二能V一**」は「**よクVスル（コト）なシ**」と読み、「Vできない」という意味になる。

○記＝「きス」と読み、「覚える・記憶する」「記録する・記載する・記す」などの意味がある。ここは「覚えることができない」から「わからない・わからなくなる」の意味に書き換えることになる。

○**然**＝「**しかレドモ**」と読み、「けれども」という逆接の意味になる。

○**以為**＝「**もつテ…トなス**」と読み、「…とする・と思う・と考える」という意味になる。「**以レA為レB**」は「**AヲもつテBトなス**」と読み、「AをBとする・AをBと思う・AをBと考える」という判断の意味をあらわす。この構文の「A」が省略された形。「**以為…**」を「**おもヘラク…ト**」と読み、「…と思う」の意味になるのも同じ構文。

○**非**＝「**ひ**」と読み、「誤り・間違い」の意味。「…ニあらズ」と読むときは「…ではない」という否定的判断の意味。「そしル」と読むときは「非難する・悪口を言う・そしる」の意味。

○潜行＝「せんこうス」と読み、「ひそかに歩く」の意味。「**潜**」は「**ひそカニ**」と読み「こっそりと・ひそかに」の意味になる。

○**裏**＝「**り**」と読み、「なか・うち・内側」の意味になる。

解説

問1　正解　(ア)＝⑤　(イ)＝③　副詞の読みの問題。

(ア)「**孰**」は、「**いづレカ**」と読み、「どちらが」の意味になる。ふつう主語として用いる。また、「**たれカ**」と読むと「だれが」の意味になる。

(イ)「**偶**」は、「**たまたま**」と読み、「たまたま・偶然・思いがけず」の意味になる。ほかに「**適・遇・会**」も「たまたま」と読む。

問2　正解＝③　白文の解釈問題。

白文問題は基本句形・語法を手がかりに、文の構造（SVOC）をおさえながら意味を考えてゆく。動詞を中心にして意味を考えてゆくことがポイントとなる。

この設問には「**【文章】**に即して解釈したものとして」と条件がついている。傍線部は杜甫の「哀江頭」の最後の句である。**【文章】**の作者である陸游は「言フココロハ…」と続けて「その意味は…」と説明しているのがわかるだろう。

まず、傍線部の前半部分の「欲往城南」は陸游の説明部分では、「城南に往かんと欲して」と読んで「町の南に行こうとして」という意味であるのがわかる。すべての選択肢も同じ意味になっている。

次に、後半部分の「忘城北」の意味は、「乃不レ能レ記三孰為二南北㆒也」と説明している。この部分を解釈できればよい。「乃」は驚きの意味を込めるときは「なんと」と訳す。「孰為㆓南北㆒」は、「孰」は問1で問われているが、「いづレカ」と読んで「どちらが」、「為㆓南北㆒」は「南北たるを」と読んでいるので「南か北であるかを」の意味。これが動詞（V）の「記」の目的語（O）になっている。「不レ能」（能はず）は「できない」という不可能の意味。「記」が「記憶する・覚える」の意味なので、この後半部分を逐語訳すれば「なんとどちらが南か北であるかを覚えていることができない」の意味になる。これを書き換えている「なんとどちらが南か北かがわからなくなってしまった」が正解となる。過去のセンター試験では解釈の問題は必ず書き換えているので注意が必要である。

問3 正解＝① 意味説明の問題。

本文をしっかり読んでいれば、作者の主張や意見を読み取ることはさほど難しい問題ではないだろう。**漢文を理解するには、最初にしっかりと意味を考えながら読み進めておくことが大切である。**

傍線部は、直前の王安石の集句に対する「ある人」たちの考えを、作者が誤りだとしている部分である。王安石の集句では「忘㆓城北㆒」の部分を「望㆓城北㆒」としている。これに対して「ある人」たちは王安石の「舛誤」（間違い）、「改定」（改訂）だと考えている。これは作者からすると「皆非也」（ともに誤りである）ということになる。「ある人」たちは王安石の間違い、改訂と考えていたことがわかれば、正解を選ぶことができる。

問4 正解＝④ 意味説明の問題。

傍線部は、女官たちが一矢（一箭）で二羽ならんで飛ぶ鳥（双飛翼）を射落とした場面である。これが何を暗示しているのかを考える。「双飛翼」とは「比翼の鳥」をあらわしている。「比翼の鳥」とは、雌雄ともに目と翼が一つずつあるだけで、二羽一緒でなければ飛べないという想像上の鳥、愛情深い夫婦のたとえとして使われる。白居易が「長恨歌」のなかで玄宗と楊貴妃のことを「比翼の鳥」でたとえたのはよく知られている。杜甫はこの「双飛翼」が射落とされたことから、玄宗と楊貴妃の悲劇的な末路を暗示しているのである。

選択肢①の「玄宗が天に背いている」、②の「女官たちに武装させ鍛錬しているのは、それほど兵力が衰退している」、③の「安禄山の反乱軍の両翼を一度に壊滅させる」、⑤の「玄宗と楊貴妃の来世での幸せな人生」は間違いである。

問5 正解＝② 押韻と解釈の問題。

押韻問題は、偶数句末の韻を考える。この詩は七言古詩なので第一句末も韻を踏んでいる可能性はあるが、偶数句末が空欄となっているので特に考える必要はない。**偶数句末の音読みを考えてローマ字表記して最初の子音を取り除く**。それぞれは「曲（ky-oku）・緑（ry-oku）・色（sy-oku）・側（s-oku）・勒（r-oku）・翼（y-oku）・得（t-oku）・息（s-oku）・北（h-oku）」となるので「oku」が韻であると考えられる。選択肢は、「楽（g-aku）」「極（ky-oku）」「暖（d-ann）」「忘（b-ou）」「用（y-ou）」となる。「oku」となっているのは「極」である。

ちなみに第一句末の「哭」は「k-oku」となるので韻を踏んでいる。平水韻では「哭」は「入声の一屋」、「曲・緑」は「入声の二沃」で通韻（同じ韻として通用する）している。「色・側・勒・翼・得・息・極・北」は「入声の十三職」となるので換韻している。

また、「豈終極」は反語で「豈に終に極まらんや」と読んでいる。反語のときは「豈」を「不」に置き換えて意味が通じることになる。逐語訳すると「曲江の水や花は、どうして結局極まるだろうか、いや極まらない」となるが、反語は通常は否定で言い切る解釈となるので「曲江の水や花は結局極まらない」となる。「極まる」とは「至る・最高限度になる・極限まで至る」の意味なので、ここは「尽きる」と解釈できる。

問6　正解＝③　漢詩の心情説明の問題。

【詩】では作者がどのような心情を表現し主張していたのかを読み取る。ここでは「**【文章】**を踏まえた上で」とあるので、**【文章】**での説明を参考にして考える。

全体の構成でみたように、「哀江頭」の最初の四句では現在の荒廃した長安、さびれた曲江を述べ、第五句からは昔の栄華を思い出している。第十一句からは玄宗と楊貴妃の悲劇を描き、人生の無常を詠う。第十七句から最後までは人の世の無常のはかなさ、人の世の転変の不条理に対して当惑し、どうしてよいかわからぬ心情を詠んでいる。最後の句の「欲往城南忘南北」の意味を説明している選択肢を選ぶことになる。

選択肢①の「反乱軍に協力した罪で死刑になることをおそれ逃げようとした」、②の「騎兵に見つかるのをおそれて宮殿に隠れてしまった」、④の「騎兵が巻き上げる塵を目にして昔の華やかな女官たちの武装兵団を思い出し」、⑤の「騎兵に追いかけられて……詩を書き記すことができなくなってしまった」などという部分は、詩のなかに記載もないし、類推することもできない。

第8問 『欒城集』『荘子』

解答

設問	配点	解答番号	正解	自己採点欄
1	各4点	1	②	
		2	④	
2	各4点	3	③	
		4	①	
3	5点	5	④	
4	5点	6	②	
5	6点	7	⑤	
6	6点	8	①	
7	7点	9	④	
合計				／45点

出典

『欒城集《らんじょうしゅう》』巻二四「黄州快哉亭記」

『欒城集』は蘇轍《そてつ》の詩文集。蘇轍（一〇三九～一一一二）は、北宋の文人・政治家、字は子由、眉州眉山県（四川省眉山県）に蘇洵《そじゅん》（一〇〇九～一〇六六）の三男として生まれた。兄の蘇《そ》軾《しょく》（一〇三六～一一〇一）と父の蘇洵とともに「三蘇」とよばれ、唐宋八大家に数えられる。蘇軾・蘇轍らの旧法党と王安石らの新法党とは激しく対立した。蘇轍の文章は、兄の蘇軾には及ばないと言われるが、淡泊で味わいのある議論文を得意とした。

「黄州快哉亭記」は、リード文にあるとおり、黄州に流罪となっていた張夢得《ちょうぼうとく》の建てた亭に、兄の蘇軾が「快哉亭」と名付け、その亭について記したものである。問題文は字数を調整するために省略した部分があるが、原文は快哉亭を取り巻く景勝を余すところなく描き、快哉と称する理由を示すなかで、どのような逆境にあっても自得して余裕を持って生きることを是とする人生観・価値観が語られている。

『荘子《そうじ》』外編・駢拇《べんぼ》・第八

『荘子』は戦国時代の道家の荘子の思想を説く。荘子は、姓は荘、名は周。老子の思想を受け継ぎ、無の境地にたって名利から逃れる絶対的自由を説いた。『南華真経』ともいわれる。人名は「そうし」、書名は「そうじ」と読み分けられている。

全体の構成

段落分けの問題があるように、意味のかたまりごとに考えてゆく。

最初の段落は次のようになる。張夢得が、斉安に流罪となりわび住まいをしており、その家の西南に亭を建てた。そこからは長江の流れの景勝を眺め渡すことができた。その亭に兄の蘇軾が「快哉」と名づけた。

次の段落では、「快哉」の意味を故事から説明する。楚の襄王が「快哉」と感じる風を、宋玉は「大王の雄風なるのみ」と説明し、庶民と共有できるものではないという。しかし、蘇轍はこの言葉は襄王への風刺と考え、風に雌雄の違いがあるわけではなく、人に遇と不遇の違いがあるのであり、大王と庶民では、人としての境遇の違いがあるとする。人は、いかなる状況にあっても、その状況を受け入れ、自ら満足する（自得）ことがなければ憂いに苦しむことになる。その状況で心を穏やかで安らかにさせること（坦然）ができ、本性を損なわなければ快い。「快哉」ということができる。つまり素晴らしい景観を見るからではなく、素晴らしいと感じる心の状態があるから「快哉」であるという。

最後の段落は、張夢得こそがそのような人物であるとする。張夢得は仕事の余った時間に山水のなかで気ままに楽しんでいる。どれほど粗末な家に暮らし、貧窮に苦しんでも快く暮らしている。まして素晴らしい自然の中で、天下の景勝を極めて自分の心のままに楽しんでいる（自適）のだから、なおさら快いのである。これが「快哉」と感嘆できるということだという。

蘇轍は、心を「自得」「坦然」とし「自適」できるのは張夢得であり、「快哉」と名づけた兄の蘇軾なのだというのであろう。

読み方

（ルビについて、音読みは現代仮名遣いにより片仮名、訓読みは歴史的仮名遣いにより平仮名で表記。）

清河《セイカ》の張君夢得斉安《チョウクンボウトクセイアン》に謫居《タクキョ》す。其《そ》の廬《ロ》の西南《セイナン》に即《つ》きて亭《テイ》を為《つく》り、以《もっ》て江流《コウリュウ》の勝《ショウ》を覧観《ランカン》す。而《しか》して余《ヨ》が兄子瞻之《あにシセンこれ》に名《な》づけて快《カイ》哉《サイ》と曰《い》ふ。昔《むかし》楚《ソ》の襄王宋玉《ジョウオウソウギョク》・景差《ケイサ》を蘭台《ランダイ》の宮《キュウ》に従《したが》へしとき、風《かぜ》の颯然《サツゼン》として至《いた》る者有《ものあ》り。王襟《オウえり》を披《ひら》き之《これ》に当《あ》たりて曰《い》はく、「快《カイ》なるかな此《こ》の風《かぜ》。寡人《カジン》の庶人《ショジン》と共《とも》にする所《ところ》の者《もの》か」と。宋《ソウ》玉《ギョク》曰《い》はく、「此《こ》れ独《ひと》り大王《ダイオウ》の雄風《ユウフウ》なるのみ。庶人《ショジン》安《いづ》くんぞ之《これ》を共《とも》にするを得《え》んや」と。玉《ギョク》の言《ゲン》は、蓋《けだ》し諷《フウ》するもの有《あ》らん。夫《そ》れ風《かぜ》に雌雄《シユウ》の異《イ》無《な》くして人《ひと》に遇不遇《グウフグウ》の変《ヘン》有《あ》り。楚王《ソオウ》の楽《たの》しみと為《な》す所以《ゆゑん》と庶人《ショジン》の憂《うれ》ひと為《な》す所以《ゆゑん》とは、此《こ》れ則《すなは》ち人《ひと》の変《ヘン》なり。而《しか》るに風何《かぜなん》ぞ与《あづか》らんや。士《シ》世《よ》に生《う》まれて、其《そ》の中《うち》をして自得《ジトク》せざらしめば、将《は》た何《いづ》くに往《ゆ》くとして病《うれ》ひに非《あら》ざらん。其《そ》の中《うち》をして坦然《タンゼン》として物《もの》を以《もっ》て性《セイ》を傷《そこな》はざらしめば、将《は》た何《いづ》くに適《ゆ》くとして快《カイ》に非《あら》ざらん。今張君謫《いまチョウクンタク》を以《もっ》て患《うれ》ひと為《な》さず。会計《カイケイ》の余功《ヨコウ》を窃《ぬす》みて、自《みづか》ら山水《サンスイ》の間《カン》に放《ほしいまま》にす。此《こ》れ其《そ》の中宜《うちよろ》しく以《もっ》て人《ひと》に過《す》ぐる者有《ものあ》るべし。将《まさ》に蓬戸《ホウコ》甕牖《オウユウ》も、快《カイ》ならざる所無《ところな》からんとす。而《しか》るを況《いは》んや長江《チョウコウ》の清流《セイリュウ》に濯《あら》ひ、西山《セイザン》の白雲《ハクウン》に揖《ユウ》し、耳目《ジモク》の勝《ショウ》を窮《きは》めて、以《もっ》て自適《ジテキ》するをや。

【資料】

夫《そ》れ自《みづか》ら見《み》ずして彼《かれ》を見《み》、自《みづか》ら得《え》ずして彼《かれ》を得《う》る者《もの》は、是《こ》れ人《ひと》の得《トク》を得《トク》として、自《みづか》ら其《そ》の得《トク》を得《トク》とせざる者《もの》なり。人《ひと》の適《テキ》を適《テキ》として、自《みづか》ら其《そ》の適《テキ》を適《テキ》とせざる者《もの》なり。夫《そ》れ人《ひと》の適《テキ》を適《テキ》として、自《みづか》ら其《そ》の適《テキ》を適《テキ》とせざるは、盗跖《トウセキ》と伯夷《ハクイ》と雖《いへど》も、是《こ》れ同《おな》じく淫僻《インペキ》と為《な》すなり。余道徳《われドウトク》に愧《は》ず。是《ここ》を以《もっ》て上《かみ》は敢《あ》へて仁義《ジンギ》の操《おこな》ひを為《な》さず、而《しか》して下《しも》は敢《あ》へて淫僻《インペキ》の行《おこな》ひを為《な》さざるなり。

通釈

清河の張夢得は斉安に流罪となり、その地でわび住まいしていた。その粗末な小さい家の西南につけるように亭をしつらえ、長江の流れの景勝をあまねく眺めわたせるようにした。そうして私の兄の子瞻（蘇軾）がこの亭に「快哉」と名づけたのである。昔、楚の襄王が宋玉と景差を蘭台の宮殿に従えたとき、風がさっと吹いてきたことがあった。襄王は襟を開きこの風に当たって言った、「快いことよ、この風は。私が庶民と共にしているものであろうか」と。宋玉は言った、「これはただ大王様の雄風にほかなりません。庶民がこの風を共にすることができるはずがありません」と。宋玉の言葉は、思うに風刺するものがあったのだろう。そもそも風に雌と雄の違いはないのであり、人に遇不遇の違いがあるのだ。楚王が楽しいと思う理由と庶人が心配だと思う理由とは、それはつまり人の境遇の違いによるのである。それなのに風がどうして関係があろうか。士大夫がこの世に生まれて、その心を自ら満足させなかったならば、あるいはどこに行っても憂いに苦しまないはずはない。その心を穏やかに安らかにさせて自分の外の物事によって本性を損なわせないようにすれば、あるいはどこに行っても快いはずである。今張君は流罪生活を憂いとは思っていない。会計の仕事の暇をぬすんでは、自ら山水の中で気ままに楽しんでいる。これはその心に人より優れたものがあるからに違いない。（だから）どれほど粗末な家に暮らしていても（貧窮のうちにあっても）、快くないことはないであろう。まして長江の清流に手足をすすぎ、西山の白雲に挨拶をし、耳に聞こえ目に入る天下の勝絶を極めて、そうして自ら心のままに楽しんでいるのであるからなおさらである。

【資料】

そもそも自分自身の内を見ようとせずに外のものを見、自分自身の内に満足しようとせずに外に満足を求めるのは、これは他人の満足をありがたがって、自らその満足を尊重しないものである。他人の楽しみをうれしがって、自らその楽しみを楽しみとしないものである。そもそも人の楽しみをうれしがって、自らその楽しみを楽しみとしないのは、大泥棒の盗跖と名節を守った伯夷であろうと、同じようによこしまで正しくないと思うのである。私は道にもとづく真の生き方に対して恥ずかしいと思う。だから（私は）上は仁義の行いをしようとは思わないし、また下はよこしまで正しくないことを行おうとも思わないのである。

基本句形・語法・語釈

○為＝「つくル」と読み「造る・しつらえる」の意味。動詞では「なス・なル・つくル・をさム・ためニス」、助動詞では「る・らル・たリ」、ほかに「ためニ」「しわざ・おこなヒ」とも読む。

○颯然＝「さつぜん」と読み、「さっと風が吹くさま・その音の形容」などの意味。

○快哉此風＝「かいナルかなこノかぜ」と読み、「快いことよこの風は」の意味。感嘆文は倒置されるので「此風快哉」と同じ意味になる。

○**寡人**＝「**くわじん（かじん）**」と読み、王・諸侯の自称・謙称、「わたくし」の意味。「寡」は「すくなシ」と読み「少ない」という意味をあらわす。「寡人」とは「徳の少ない人」という意味から謙称になった。

○**夫**＝文頭では「**そレ**」と読み、「そもそも・一体全体」という発語の助辞。結論・主張・まとめなどの重要な一文を導くことが多い。また、ここは違うが、段落分けにも使われる。さらに、文中では「かノ」と読み「その・あの」、文末では「かな」と詠嘆で読み「…なことよ」の意味になる。

○**所以**＝「**ゆゑん**」と読み、「AS所㆓以V㆒」は「AハSノVスルゆゑんナリ」と読んで「AはSがVする理由・わけである」の意味になる。「所以」は「原因・理由である」「手段・方法である」「ため・目的である」「もの・ことである」と訳すことがある。

○**自得**＝「**じとく**」と読み、「自ら満足する・自分の状態に満足して楽しむ・得意になる」「自分で心に悟る」などの意味がある。

○**以㆑A為㆑B**＝「**AヲもつテBトなス**」と読み、「AをBとする・Bと思う・Bと考える」という判断の意味になる。また、「**以為…**」で「**おもヘラク…ト**」と読み、「思うに…と」という意味になる。

○**窃**＝「**ぬすム**」と読み、「盗む」の意味。また「**ひそカニ**」と読む副詞として「こっそりと・そっと・心の中で」の意味にもなる。「窃盗」などの熟語がある。

○**放**＝「**ほしいままニス**」と読み、「気ままに楽しむ」「自分勝手にする」などの意味。「擅・縦」なども同じ読み・意味。

解説

問1　正解　(1)＝②　(2)＝④　熟語問題。

(1)「**勝**」は、音読みで「しょう」と読み、「**すぐれている**〔**景勝・形勝**〕」の意味。風景の描写の中にあることから「景勝地」の意味とわかる。「まさル」と訓読みする。最後の一文の「耳目之勝」の「勝」も同じ意味。ほかには「かツ」と読み「勝つ〔勝負・勝敗〕」、「たフ」と読み「堪える」、「あゲテ」と読み「すべて・ことごとく」の意味がある。

(2)「**適**」は、「**ゆク**」と読み、「行く」の意味。「クトシテ」と送り仮名があることからもわかる。また前文と対句なので「往」と対であることからもわかってほしい。「適帰」は「てつき・てきき」と読み、「行って身を寄せる・行って落ち着く・本来あるべき所に落ち着く」の意味がある。「ゆク」と読む文字には「行・往・之・如・将・適」などがあることは覚えておこう。ほかに「適」は、「かなフ」「あたル」「たのシム」「まさニ」「たまたま」（ちょうど・まさしく）、「たまたま」（偶然に）、「たダ・ただニ」（ただ）と読む。

問2 正解 A＝③ C＝① 書き下し文と解釈の組合せの問題。

白文は基本句形を手がかりとして、文構造を考えながら意味をつかむ。前後の文の意味とのつながりをわすれないようにすること。選択肢を吟味する前に意味を考えて読んでしまおう。

A 「安」は「いづクンゾ」と読み、「どうして」という意味の疑問副詞。「いづクニカ」と読むと「どこに」と場所を問う疑問副詞。ここでは場所を問う意味ではおかしいので、「いづクンゾ」と読むと考える。疑問にも反語にもなる。直前の会話文では、襄王がこの風は「私が庶民と共にしているものであろうか」と問うている。宋玉がそれに答えて「これはただ大王様の雄風にほかなりません」といっている。続くこの傍線部Aは、「庶人は共にできない」という意味になると考えられる。ところが傍線部Aには否定詞がないので、反語で読むことになる。**反語は疑問詞を否定の「不」に置き換えれば意味が通じるはずである。**ここは「不レ得レ共レ之」と置き換え、「之を共にするを得ず」と読めば、「この風を共にすることはできない」という意味になる。つまり、反語で「庶人安くんぞ之を共にするを得んや」と読むことになる。「安得…」を文意から反語と理解することが必要である。疑問になることもあるので注意してほしい。

さらに「安得」は漢詩などでは「いづクンゾ…えン」と読み、「なんとかして…したい」という願望にもなる。(二〇〇七年センター本試既出)

また、ほかに「悪・焉・烏・寧」も「いづクンゾ」と読む。このうち「寧」は「いづクンゾ」とのみ読み反語になる。「悪・焉・烏」は「いづクニ(カ)」とも読み、疑問・反語両方で使う。

C 「与」の意味が重要になる。「与」は重要多義語、**「あたフ(与える)」「くみス(味方する・支持する・賛成する)」「あづかル(関与する・関係する)」「ともニス(一緒に行動する)」「ともニ・ためニ」「と・より・や・か」**などの読みがある。

直前の文には「楚王が楽しいと思う理由と庶人が心配だと思う理由は、人の境遇の違いによる」とある。そこから傍線部Cは「風は関係ない」という意味になるとわかる。「与」を「あづかル」と読み、「関係する・関与する」という意味と考えると、反語で読むことがわかるだろう。解釈は「それなのに風がどうして関係があろうか」となる。反語は「…しない」となることが多いが、「…であろうか」となることもある。

問3 正解＝④ 意味説明の問題。

「蓋」の意味がわかる必要がある。**「蓋」**は「けだシ」と読み、「(私が)思うに」の意味。筆者の推定・主張を表す。「推定」とは一応の判断・断定する意をあらわす。また、「たぶん・おそらく…だろう」という推量、「実は・本当に」などの意味にもなる。「そもそも・一体全体」という発語の助辞にもなる。ここで筆者の蘇轍は、人の境遇によるのであって風は関係ないと考えている。宋玉が「庶民がこの風を共にすることができるはずがありません」といったのを風刺だとして、宋玉も自分と同じように考えていたはずだと推定しているのである。

問4　正解＝②　白文の解釈問題。

後文と**対句**になっていることに気がつけば読める。また、後文の「何適而非レ快」が反語で読んでいることから、傍線部の「何往而非病」も反語であることがわかるはずである。「病」を「うれヒ」と読むのは難しいが、一行前の「憂」と二行後の「患」から、あるいは後文の「快」との対義から考えてほしい。**「病」**は**「うれヒ」**と読み、「憂い・心配・悩み」などの意味がある。「憂」「患」も「うれヒ」と読む。また、「将」は「はタ」と読み、「あるいは・さて・または・それとも」などの意味がある。再読文字以外の読みも覚えておこう。

問5　正解＝⑤　内容説明の問題。

本文全体の読解から張夢得の人物像を考える。「其中」とは、問4から「その心」の意味であることがわかるだろう。ここは「張夢得の心」という意味になる。「過レ人者」とは「人より優れているもの」の意味。**「宜」**は**「よろシク…スベシ」**と読む再読文字。「…するのがよい・…するにちがいない」などの意味。再読文字「当」のやわらかな表現。また「むべナリ」と読み「もっともである」の意味、「よろシ」と読み「正しい・よいとする・ほどよい」などの意味がある。

傍線部の前文から、張夢得は「流罪を憂いと考えていない」「自ら山水の中で気ままに楽しんでいる」というのがわかる。一行前の「非レ快」の意味と結びつけて「自分の外の物事によって本性を損なわせない」という人物像を考えることができるだろう。文脈から判断して選択肢を選ぶことができるはず。選択肢①は「余裕があるので、人より優れている」というのは逆で、「優れているから余裕がある」のである。「優れている」理由としては説明不足になる。②「風流心を持っている」、③「横領罪に問われて」「過ちを犯してよかったと思う度量」、④「立派な建物を造る甲斐性がある」が間違い。

問6　正解＝①　段落分けの問題。

全体の文脈から構成を理解できる。㋐までが大前提条件、序論というところ、「昔」以下から㋓までが楚の襄王の話をもととしての筆者の意見・考え、「今」からが張夢得への評価という結論部と分けられる。時系列を整理できていれば「昔」「今」で分けることができる。つねに時系列には注意を払いながら読んでほしい。いつも過去から未来へ進むわけではなく、途中で過去に時間が戻っている話もあるので、注意してほしい。

問7　正解＝④　内容把握・筆者の主張の問題。

傍線部の意味だけではなく、全体の文脈から筆者である蘇轍の主張を読み取ることができる。また、**【資料】**の『荘子』の主張とも重なっている。『荘子』で述べられている「自得」「自適」の意味から蘇轍の主張と結びつけることができるだろう。さらに、ここまでの設問も利用できるはずである。

傍線部が含まれている文は、「況」があることから抑揚形であることがわかる。**抑揚形の基本形は「A猶（尚・且）B、況C乎」**であり、**「Aスラなホ（なホ・かツ）B、いはンヤCヲや」**と読み、「AでさえやはりBである、ましてCはなおさら（B）である」という意味になる。**抑揚形とはAとCの対比・比較の句形である。**

ここでは、基本形の後半が**「而況乎C也哉」**となっており、**「しかルヲいはンヤCヲや」**と読み、意味は「ましてCはなおさら（B）である」と同じになる。ほかにも後半部は、**「何況C乎」（なんゾいはンヤCヲや）**、**「豈況C乎」（あニいはンヤCヲや）**、**「況於レC乎」（いはンヤCニおいテヲや）**となることがあるが意味は同じ。

ここでの抑揚形の部分は、「将二蓬戸甕牖一、無レ所レ不レ快。而況乎濯二長江之清流一、揖二西山之白雲一、窮二耳目之勝一、以自適也哉」となる。基本形の「A」に当てはまるのは「蓬戸甕牖」、「C」は「濯二長江之清流一、揖二西山之白雲一、窮二耳目之勝一、以自適也哉」となり、対比・比較されている。「B」に当てはまるのが「無レ所レ不レ快」の部分である。

傍線部の**「自適」**とは**「じてき」**と読み、「自ら心のままに楽しむ」「自分が思うままの自由な生活をし、楽しむ」などの意味。「みづからたのしム」とも読む。「悠々自適」で「俗世間の煩わしさから離れ、のびのびと思うままに過ごすこと」の意味になる。張夢得が心のままに楽しんでいるのは、当然快いからである。現在流罪となっている境遇の中で、張夢得がこのような心境であるのは、**【資料】**の『荘子』の述べるところと通じるものがある。『荘子』では、外物によって自分の本当の楽しみを楽しめないのでは、道にもとづく真の生き方ができないという。自分の外のものに左右されて伯夷のように仁義の行いをする必要はなく、盗跖のように正しくない行いをすることもない、自分の内にある自然な本性のままに生きることを主張しているのである。蘇轍は本文での張夢得の生き方がそのようなものであるとしているのである。問5の張夢得の人物像から考えて、「快哉」と感嘆できるのは、どのような状況にあっても自ら満足し、穏やかに安らかな精神を得ているからとなる。

選択肢①は「悲嘆し」「感嘆することができない」、②は「このような悲嘆すべき状況であるのだから」「呼ぶことはできない」、③は「どのような方法を使っても」が間違い。また、⑤は「さらに自ら風景を楽しむならば、「快哉」の名にふさわしい」という仮定条件の入っている主張は、張夢得が現在すでに楽しんでいるので、おかしいことになる。

頻出句形チェック
解答・解説

解答

設問	1	2	3	4	5	6	7	8	9	10	11	12	13	14
解答	②	④	④	⑤	②	③	③	④	④	③	③	①	③	⑤
チェック欄														

設問	15	16	17	18	19	20	21	22	23	24	25	26	27	28
解答	⑤	⑤	④	②	①	③	③	⑤	②	④	①	⑤	④	③
チェック欄														

設問	29	30	31	32	33	34	35	36	37	38	39	40	41	42
解答	⑤	①	③	⑤	①	④	②	⑤	③	②	③	①	⑤	④
チェック欄														

設問	43	44	45	46	47	48	49	50	51		52	53	54	55
解答	⑤	④	③	②	③	②	③	④	①	④	④	③	③	⑤
チェック欄														

設問	56	57	58 (i)	58 (ii)	59	60	61	62	63	64	65
解答	①	⑤	④	③	③	④	①	③	②	④	⑤
チェック欄											

解説

☆再読文字

1　正解＝②

再読文字「未」の問題。基本形（Vをサ変動詞として）は、

○未レV→未だVせ（未然形）ず

（まだ）Vしない。

再読文字は二度読まなければ意味を表現できない漢字。漢文訓読法が翻訳技法であることを示す典型的な読みになる。「未」は「今はまだ」という意味を含むのが普通だが、「不」と同じく単純な否定もあらわす。ここは、「未之聞」が「未＋O＋V」の語順になっている。**「否定文では目的語が代名詞のときは倒置される」**という基本ルールがある。ここも「之」を代名詞で読み、「聞」（V）の前に倒置されている。「未だ之を聞かず」と書き下す。次に、「訪之於古」は「訪」を動詞とすると「V O於C」の文構造になる。「訪之於古、未之聞」の部分は「これを昔に探し求めても、まだこれを聞いたことがない」の意味となる。また、文頭は「A之為レB（也）」の構文で「AのBたル（や）」と読み、「AのBという一面は・AのBという一性質は」の意味になる。ここは目的語の提示になり「（今江戸と呼んでいる）その土地の（江戸と呼ぶ前の）かつての地名は、これを昔に探し求めても、聞いたことがない」という意味。

2　正解＝④

再読文字「**将**」の問題。基本形（Vをサ変動詞として）は、

○将レV→将にVせ（未然形）んとす

（今にも）Vするだろう。

Vしようとする・Vするつもりだ。

Vしたいと思う。

再読文字は助動詞の読みが意味をあらわしている。推量の助動詞「む」は漢文では「ん」と表記し、「推量・意志・願望」の意味をあらわす。ここは「迎えるつもりだ」という意志の意味になる。

3　正解＝④

「**且**（ショ）」は「将（ショウ）」と音が似ていて、再読文字としては同訓同意の働きをする。つまり「まさニ～セ（未然形）ントす」と読む。

4　正解＝⑤

再読文字「**猶**」の問題。基本形（Vをサ変動詞として）は、

○猶レV→猶ほVする（連体形）がごとし

（ちょうど）Vするようなものだ。

「猶」は再読文字として「なホ～スル（連体形）ガごとシ」「なホ～（名詞）ノごとシ」と読み、「ちょうど～のようだ・まるで～と同じだ」という比況の意味をあらわす。ここは「猶ほ剪伐せらるるを免るるがごとし」と読む。「剪伐せらるる」の「らるる」は受身「らる」の連体形、受身の助動詞は補読される。⑤の「～のと同じようなことだ」が正解となる。

5　正解＝②

再読文字「**当**」の問題。基本形（Vをサ変動詞として）は、

○当レV→当にVす（終止形）べし

Vしなければならない。

Vするにちがいない。

「当」を「まさニ～ベシ」で読んでいるのは②と③。後半部分を逐語訳すると、②は「記録して一冊を作らなければならない」、③は「一冊を作ることを記録しなくてはいけない」となる。どちらがよいかは、書き下し文の意味を考えて選択肢を選ぶことが必要となる。

6　正解＝③

再読文字の知識から、①④は「当」「応」、②⑤は「宜」、③⑥は「須」の読みだから、③か⑥かである。次に「ヲシテ」を付ける位置は使役字の直下の名詞である。漢文では「皆」は副詞である。したがって「その言をして皆」の読み方が「最も適当」である。『史記』四面楚歌に「乃令二騎皆下レ馬歩行一（乃ち騎をして皆馬を下りて歩行せしむ）」とあるのが好例。なおここは「まず熟読して、その言葉がすべて自分の口から出てくるようにする必要がある」といった内容。また**漢文でも「ごとシ」にカリ活用はない**から、「ごとくならしむ」か「ごとくせしむ」と読む。

☆否定の句形

7 正解＝③

「逝きし者」は「逝去」という熟語から分かるように「死んだもの」を意味する。「不復～」は部分否定の箇所で扱われるが、やや類を異にしている。例えば「不二復得一」も「復不レ得」も同じ読み方で「またえず」となる。しかし訳し方は「不二復得一」は「（一度手に入ったが、その後）もう二度と手に入らない」という内容であるのに対して、「復不レ得」が「（以前も手に入らなかったし）今度もまた手に入らない」という内容になる。

（補説）部分否定

a 「常不レ有」→「常に有らず」（いつもない）

b 「不二常有一」→「常には有らず」（いつもあるとは限らない）

a（副詞＋不）が全部否定、b（不＋副詞）が部分否定。「不二常～一」は英語の not always ～と語順も意味も同じと考えてよく、「～とは限らない・～わけではない」と訳される。部分否定の副詞には「**必**（かならズシモ）・**常**（つねニハ）・**倶**（ともニハ）・**甚**（はなはダシクハ）・**全**（まつたクハ）・**尽**（ことごとクハ）・**久**（ひさシクハ）・**多**（おほクハ）・**重**（かさネテハ）・**両**（ふたつながラハ）・**皆**（みなハ）・**復**（まタ）」などがある。普通は「は」を補読するが、「必」は例外的に「必ずしも」というように強調の「しも」を補読する。なお否定詞の下に副詞が二つある場合、97センター本試の「未三必能尽附二新開湖漁人一也。（未だ必ずしも能く尽くは新開湖の漁人に附せざるなり）」が示すように、部分否定の読みを面倒でも重ねて読む。

8 正解＝④

「自」が from の意味で「より」と読むことは覚えておきたい。「勿《ぶつ》」は「莫《ばく》」「無《ぶ》」「毋《ぶ》」と同様に存在の否定「なシ」と読むこともあるが、特に「**毋**」と「**勿**」は**禁止**「**なカレ**」に使われることが多い。

9 正解＝④

否定詞は「不」が動作を否定し「～しない」do not ～、「無」が存在を否定し「～がない・～がいない」there is no ～、「非」が判断的否定で「～ではない」be not ～に区別される。「**無レ不レ～**」は「～しないものがいない」となり、④が正解。なお「**なシ**」「**なカレ**」と読んで**否定・禁止形**を作る字は「**莫**《ばく》」「**無**《ぶ》」「**毋**《ぶ》」「**勿**《ぶつ》」（**ば行**）などがある。

10 正解＝③

二重否定の問題。二重否定は強い肯定になる。「**莫レ不二～一**」は「～セざルハなシ」と読み、「～しないものはいない」「すべて～する」という意味になる。「貴取賤棄」は「SV」の文構造が連続している。現代語訳は「～選び取られ～見棄てられる」と受身になっている。「貴は取られ賤は棄てられ～」と受身の助動詞「る・らる」を補読している③が正解。受身の助動詞は補読されることを覚えておこう。

11　正解＝③

「無レ不レ思」と「罔レ不レ思」は「思わないものはいない」という二重否定の意味をあらわしている。二重否定は強い肯定になるので、「思っている」と解釈できる。

上と下の句が対句になっており、「君者」と「賢者」とが対になる。「求二其賢一」は、「賢者を求める」の意味。君主が賢者を求めるとは、「ともに政治をおこなう・一緒に国を治める」ということになる。「賢」とは「賢人・賢者」のことで、「聖賢の教え」などというように、「聖人」に次ぐ者のこと。立派な人格者の意であり、単に賢い者の意味ではない。ここでは「賢者」を登用してともに政治を執ることの意味になる。

「効二其用一」は、「用」が「用途・使いみち」「才能・はたらきの意味、「効」は「いたス」と読み、「差し出す・与える・力を尽くす」などの意味がある。つまり「賢者は自分の使いみちを差し出す・賢者は自分の才能を与える」と逐語訳できることから「賢者は君主の役に立ちたい」と解釈することができる。③が正解。

12　正解＝①

「無二N不一レV」は「NトシテVセざルハなシ」と読み「どんなNでもVしないものはいない」「どんなNでもみなVする」という意味になる。これは二重否定の一形式で、否定詞に挟まれた名詞に「トシテ」を送るのが大きな特徴である。下から訳し上げれば、「花を見て帰るところだと言わない人はいない」となる。二重否定は強い肯定になおせるから、「誰もが花を見て帰るところだと言う」となって①が正解となる。

(補説)

a「無二夕不一レ飲」→「夕として飲まざるは無し」

b「無三規則無二例外一」→「規則として例外無きは無し」

訳し方は、a「飲まない夜はない」、b「例外のない規則はない」というように、下から訳し上げるか、あるいは英語で、There is no rule that does not have exceptions.
=Every rule has exceptions.
と書き換えできるように、二重否定は強い肯定に訳すことができ、aは「毎晩飲む」、bは「全ての規則に例外がある」という訳にもなる。共通テストで訳が出題される場合、選択肢に工夫が凝らされて書き換えられているはずなので、おそらく後者の訳が正解となるだろう。

13　正解＝③

「不レ可二以無一レN」は、「もつテNなカルべカラず」と読み、「Nがないことはできない・Nがなければならない」という意味になる二重否定。「可以」は「可」一字と同じ意味になる。「須レV」は「すべかラクVスベシ」と読み、「Vする必要がある・Vしなければならない」という意味の再読文字。「A不レ如レB」は「AハBニしカず」と読み、「AはBに及ばない・AよりBのほうがよい」という意味の比較。「猶レV」は「なホVスルガごとシ」と読み、「Vするようなものだ」という意味の再読文字。「不二唯～一」は「たダニ～ノミナラず」と読み、「ただ～だけではない」という意味の累加形だが、⑤の読み方とは異なる。

14 正解＝⑤

二重否定は「不（ず）」から「未」の二度目の読み「ず」に返読しなければならないので、「ずんばあらず」と読むことになる。さらに「也（なり）」につなげるには「ずんばあらざるなり」となる。二重否定は強い肯定になるので、意味は「今まで同じでなかったことはない」「いつも同じだった」である。なお、「嘗」は「以前～したことがある」という経験過去の副詞。

（補説）「ずんばあらず」は、「あり」をつなぎとして「ず＋ん＋は＋あら＋ず」となる。「ん」は撥音便、「は」は係助詞で二重否定の口調を整えるのに用いられ、「ん」を伴った濁音「ば」となる。なお、**「ずんば」**と読んで仮定条件節となるときは、未然形「ず」＋撥音便「ん」＋接続助詞「ば」となる。

15 正解＝⑤

「不二敢～一」も「敢不二～一」も部分否定・全部否定の形をしているが、**「不二敢～一」（あヘテ～〔セ〕ず）**は**強い否定文**、**「敢不二～一」（あヘテ～〔セ〕ざランヤ）**は**反語文**となり全く異質のものである。「不二敢～一」は、「無理には～しない・強いて～しない・進んで～しない」「～するつもりはない・～しようとしない」などと強い意志を表すが、「敢」は「勇敢」の「敢(dare)」であり、「勇敢に～しない」「～する勇気がない」というのが原義。

16 正解＝⑤

「不二肯～一」も**「あヘテ～〔セ〕ず」**と読み、15の「不二敢～一」と同じ読み方になるが、意味は「進んでは～しようとしない」「～するのを承知しない」「～する気にならない」というもの。「不レ肯レ～（**～〔スルヲ〕がヘンぜず**）」という読み方もするが、意味は変わらない。②か⑤で迷うところだが、②の書き下し文「之を呼ぶも」の「も」が逆接であり、その解釈は「声をかけたが」となってしまう。声をかけなかったのであるから、⑤が正解となる。

17 正解＝④

「不二必V一」は、部分否定と同じ読みのままで「かならズシモVセず」となり、「Vする必要はない」という意味になることがある。これは「必」の否定のときの語法になる。「必」には「必ず…しなければならない」という行動や事実の必要性を示す意味がある。ここは「必ずしも人と斉同ならず」と書き下し、「他人と同じである必要はない」の意味になる。

☆使役形

18 正解＝②

使役の句形。使役の助動詞「しム」で読む漢字には**「使・令・教・遣・俾」**などがある。基本形（Vをサ変動詞として）は、

○S使二NV一→S（は）NをしてVせ（未然形）しむ

SはNに（を）Vさせる。

使役する対象・動作主（N・名詞）に「ヲシテ」を送る。文脈からはっきり分かるときは省略されることもある。この問題は「ヲシテ」の有無で①②③にしぼり、未然形から「使（しム）」に返読する点を踏まえて②が正解となる。

19　正解＝①

これは使役する対象が省略された文なので、「ヲシテ」を付ける語はない。内容は「かくて（門番に）賀抜惎《がばっき》を招き入れさせて先に宴を開いた」というもの。

20　正解＝③

「使」は使役の助動詞「しム」で読むと考えると、「使二後人尚一レ之」を「後人をして之を尚ばしむ」と使役の句形で読むことがわかる。「如レ此」は「かクノごとシ」と読み、「このようである」の意味なので文末に読めばよい。「夫」は「そレ」と読むと「そもそも・一体全体」という発語の助辞になる。「かノ」と読むと「あの・その」という連体詞の意味になる。③が正解。

21　正解＝③

使役の句形で、述語「V」が二つ以上あるときは最後の述語から「しム」に返り、現代語訳には述語ごとに「させる」を付ける。基本形（Vをサ変動詞として）は、

○S使二N$V_1$$V_2$一→SはNをして$V_1$し$V_2$せしむ

SはNに（を）V_1させV_2させる。

使役する対象・動作主（N・名詞）は省略されているので「ヲシテ」は付けない。ここでは「従」「受」が二つの述語（V_1・V_2）となるので、最後の「受」から「令（しム）」に返って読む。

22　正解＝⑤

「命」は使役を暗示する動詞とも呼ばれるが、原理はV_1＋N＋V_2の形でNがV_1の目的語・補語であり同時にV_2の主語になっている場合、V_2が使役に読まれる。例えば「助レ苗長」は「苗」が「助く」の目的語で同時に「長（ちょう）ず」の主語であるから、「苗を助けて長ぜしむ」となる。この問題も「童子」が「命」の補語で同時に「取る」「置く」の主語であるから、「童子に命じて貍奴を取り臥内に置かしむ」と読む。したがってその解釈は⑤。ただこの問いは文脈から容易に正解できる。

☆受身の句形

23　正解＝②

受身形の問題。**「被・見・為・所」**は「る」「らる」と受身の助動詞として読まれる。「る」「らる」の意味は漢文では**受身のみ**となる。基本形（Vをサ変動詞として）は、

○S被（見）レV→SはVせ（未然形）（ら）る

SはVされる。

未然形語尾が「a」で終わる四段動詞には「る」、「e・i」

で終わる四段以外の動詞には「らる」の読みを用いる。「る」「らる」は下二段で読まれる点に注意。**漢文訓読に必要な助動詞一覧**（86頁）も参照。

「見レ召」は「めさる」と読むが、前に「なんすれぞ」の「ぞ」があるから、係り結びで「めさるる」と連体形で結ぶことになる。**（補説）「見」**は漢文で読む上で注意すべき文字で、受身以外でも④にあるように「あらはル」と読んで「現」の意味（熟語で「露見」）、⑤にあるように「まみユ」と読んで「お目にかかる」意味（熟語で「謁見」）で使うことがある。

24　正解＝④

受身の慣用句の問題。基本形（Vをサ変動詞として）は、

○S為二A所レV→SはAのVする（連体形）所と為《な》る
SはAにVされる。

「所」は対象を表し「AのVする対象になる」という内容から「AにVされる」という受身の意味になる。したがってVは能動的な読み方でよく、「AにVせらるる所と為る」などとは読まない。「A」は動作主（意味上の主語）で名詞、「為」は英語の前置詞「by・for」の働きと同じになる。

25　正解＝①

受身の慣用句の問題。「為冥官所追議」の**「為…所」**から、「冥官の追議する所と為る」と受身で読むことが分かる。「冥官」は「冥界の裁判官」、「追議」は「死後、生前の罪を裁くこと」の意味になる。内容は「蛇が人間をかみ殺して、冥界の裁判官に生前の罪を裁かれ、判決は死刑となった」というもの。

26　正解＝⑤

①「青は藍より出づ」と読み「於」は場所・時間の起点（from）。②「良薬は口に苦し」と読み「於」は場所（at）。③「苛政は虎より（も）猛し」と読み「於」は比較（than）。④「君子は博く文を学ぶ」と読み「於」は対象。⑤「先んずれば則ち人を制し、後るれば則ち人に制せらる」と読み「於」は受身（by）。問題の「公論に奪はれて」とは「公平な議論に立脚点を奪われて」という受身の内容。正解は⑤。なお基本形（Vをサ変動詞として）は、

○V二於A一→AにVせ（未然）らる
AにVされる。

「被」「見」と融合した「見(被)レV二於A一」という形もよく登場する。**21**の慣用句で⑤の「制二於人一」（人に制せらる）」を書き換えると「為二人所レ制（人の制する所と為る）」となり、AとVの位置が逆に置かれる点に注意してほしい。

☆仮定形

27　正解＝④

「若」は**同字異訓**字で「もシ」（仮定）、「ごとシ」（比喩）、「しク」（比較）、「なんぢ」（二人称）などの多様な読み方があるが、「年がわかい」という意味には用いない。**「年がわかい」**なら**「少」**

か「弱」などを用いる。したがって⑤⑥は不可。次に「如レ此」は「このごとし」と読まず、慣用で「かくのごとし」と読む。

正解は④。

（補説）仮定形「如～」「若～」「苟～」「縦～」

「如」「若」は「もシ」と読み、「苟」は「いやしクモ」と読んで、ともに接続助詞の「～バ」と呼応関係を作り順接の仮定条件節となる。漢文では「未然形＋ば」「已然形＋ば」で「仮定条件」となり、「～ならば」と訳す。また「已然形＋ば」では「確定条件」ともなり、「～するので・～するところ」と訳す。

「縦」は「たとヒ」と読んで、「～とも」と呼応して「たとえ～ても」という意味の逆接の仮定条件節をつくる。ほかに「縦令・縦使・仮令・仮使」も「たとヒ」と読む。

（補説）同訓異字の「すなはち」

「すなはチ」と読む文字には、概略次のような意味の違いがある。

【則】―「（～ならば）その場合は」「（～ので）その場合は」。
【即】―「すぐに」「つまり」「とりもなおさず」。
【便】―「すぐに」「たやすく」。
【乃】―「そこで」「それなのに」「なんと」「やっと・きっと」。
【輒】―「そのたびごとにいつも」「すぐに」「たやすく」。

詳述すれば、次のようになる。

「則」は「如（若）シ～バ則チ…」「苟クモ～バ則チ…」となり、「バ」と呼応して「仮定条件節＋主節」を作ることが多い。「則」の文字には仮定の意味はないので、単純に「レバ則はすべて仮定」などと簡略化して覚えるのは間違いのもと。本来、前文に条件節（仮定条件・確定条件）をとり、主節を導く強調の意味（その場合は・そのときは）になる。また、「～ハ則チ…」の読み方で強調・区別の内容に用いることもある。

「即」は「則」と同音なので代用されたり、「すなはチ」と読んでも「もシ」「たとヒ」の内容で用いられたり、「性即理」「心即理」といった強調の場合もある。

「乃」には「無乃～乎（乃ち～無からんや／～ではないでしょうか）」という慣用句で推量的な反語（婉曲的反語）を作ることもある。94センター本試で既出。

「輒」は「毎」と呼応して「～スル毎（ごと）ニ輒チ…」というように使われることが多い。04センター追試で既出。

28　正解＝③

27同様「若」に「わかシ」はないから①②は不可。④「若しくは」は「あるいは」という選択の意味。⑥「若かず」は比較形で語順が「不若～」となり、「若不～」の読みとならない。③⑤にしぼり、文脈から（　）内の内容になることをつかみ、③をとる。なお「空房」の「空」は人気《ひとけ》がないという意味で「空室」と同義。「応」は「当」と同訓で「～に違いない・～だろう」という推量の意味。

（補説）同字異訓の「如」「若」について

「如（Jyo）」と「若（Jyaku）」は語頭の子音が共通で古くは同音だったと思われ、ほぼ共通の意味を持っている。一緒に覚えると効率がよい。

「如」は「もシ」（仮定）「ごとシ」（比喩《ゆ》）
「しク」（比較）「ゆク」（動詞）。
「若」は「もシ」（仮定）「ごとシ」（比喩）
「しク」（比較）「なんぢ」（二人称）。

共通する三つの意味については随所でふれてきたので、最後の異なった意味についてのみ述べる。「ゆク」は「如《ク》レ厠《ニ》（かわやにゆく）」（『史記』鴻門之会）、「なんぢ」は「奈レ若《ヲ》何《セン》（なんぢをいかんせん）」（『史記』四面楚歌）が好例であろう。

29　正解＝⑤

「苟」は「いやしクモ…バ」と読み、「もし（かりにも）…ならば」という順接仮定の意味をあらわす。「当」は、当然・推量の意味で「…するのが当然である・きっと…だろう・…するにちがいない」などと訳す再読文字だが、強い推量・意志の意味で「必ず…しよう」と解釈することもできる。「いやしクモわれニちかヅカバ、われまさニこれヲゐがクベシ」と読む。⑤が正解。

また、「苟」には「かりそめニ・いやしクモ」と副詞で読み、「とりあえず・いいかげんに・しばらく・なんとか」などという意味がある。さらに「いやしクモ…セヨ」と読み、希望・願望の「どうか…してもらいたい」の意味をあらわすこともある。このときは「どうか私に近づいてきてほしい。」と区切って解釈することになる。

30　正解＝①

使役文を仮定条件に使う句形。**「使二SV一、〜」**で「SヲシテVセしムレバ、〜」と読み、「もしSがVするならば、〜」という仮定の意味になる。「使」は「もシ〜バ」と読むこともできるので、「使SV、〜」で「もシSハVスレバ、〜」と読み「もしSがVするならば、〜」という意味になるのと同じ。使役の形を借りているだけであるから「〜させれば」と使役で訳してはいけない。ここでは「〜しムルモ」と逆接仮定で読んでいるので「かりに〜としても」と訳すことになる。「〜させても」と使役では訳せない。次に「孰か〜為さん」は選択肢の意味から反語であることがわかる。「以レ予為レ可レ教」は、**「以レA為レB」の構文**で「AヲもつテBトなス」と読み「AをBとする・AをBと思う・AをBと考える」の意味になるので、「私を教えることができると思う」という意味になる。ここは反語の意味を加えて否定し、さらに書き換え「だれも私に教えることができないだろう」とした①が正解となる。

31　正解＝③

「雖（いへども）」は「雖二〜一、…」で「〜トいへどモ、…」と読み、「〜」と「…」が**逆接**になることが重要。**逆接仮定**「（たとえ）〜であっても（Even if 〜）」という内容と、**逆接確定**「（確かに）〜だが（It is true 〜 but …）」という内容がある。古文では前者が「終止形＋とも」、後者が「已然形＋ども」によって区別して表現されるが、漢文の「雖」は二つの内容が同居している。「雖《モ》レ可《シト》二以《テ》免《ル》一（たとえ免れることができても）」は逆接仮定を示すが、それと異なる用法のものというから、逆接確定の用法を探すことになる。①は「たとえ晋が斉を伐っても、楚がきっとそれを救うだろう」、②は「身が正しくなければ、命令を下しても従われないだろう」、③は「門は設けられたがいつも閉じられていた」、④は「誠心誠意求めれば、たとえ的中しなくても遠く外れてはいない」、⑤は「自ら反省して正しければ、大勢の反対者がいても私は我が道を往こう」という意味。逆接確定は③。

32　正解＝⑤

「雖」は「いへどモ」と読むが、「言う」の意味は入っていない。「そう言うけれど」という意味なら「雖レ曰（曰ふと雖も）」と書く。したがって⑥は不可。またそれに準じた①②も不可。あとは再読文字「須」が「必須」の意味で「～する必要がある」という訳がなされることから、最も近い内容の⑤が選べる。ここの「雖」は逆接仮定である。

33　正解＝①

否定詞が連続した場合、単純な並列や二重否定の場合ももちろんあるが、センター試験で頻出したのは、ここで説く仮定条件である。「**不**レ入二虎穴一、**不**レ得二虎子一（虎穴に入らざれば〔ずんば〕、虎子を得ず／冒険しないと収穫はない）」「**不**レ到二長城一、**非**二好漢一（長城に到らざれば〔ずんば〕、好漢に非ず／万里の長城に行かなければ、立派な男じゃない）」「**不**～、**無**…」「**非**～、**不**…」「**非**～、**無**…」などのさまざまなパターンがある。ここは「非～、不…」という形である。

☆比較・最上の句形

34　正解＝④

「如」「若」を用いて比較・最上ができる。

○A不レ如(若)レB（AはBにしかず）比較
B is better than A

「如」は「及」の意で「AはBに及ばない」というのが原義。そこから「AよりBのほうがよい（BはAよりまさる）」という比較の意味になる。文脈によって「及ばない」か「ほうがよい」か適当な訳を採用する。④の「不レ如レ己」は「自分に及ばない」という訳が適当。

「百聞不レ如二一見一（百聞は一見に如かず）」を二通りに訳すと、
「百回聞くことは一回見ることに及ばない」
「百回聞くより一回見るほうがよい」

○A莫レ如(若)レB（AはBにしくはなし）最上
B is the best in A

これも「如」は「及」の意で「Aの中でBに及ぶものはない」というのが原義。そこから「Aの中でBが最もよい」という最上になる。

「予備校莫レ如二駿台一（予備校は駿台に如くは莫し）」を二通りに訳すと、

「予備校の中で駿台に及ぶものはない」
「予備校の中で駿台が最もよい」

35 正解＝②

比較の句形**「A不レ如レB」**（AはBに如かず）では、「A」と「B」が比較できる同類のものでなくてはいけない。ここは「芸」と「楊」では比較できないが、省略があると考えて「法士の芸」と「楊の芸」と補って考える。「知」の目的語は「芸不レ如レ楊」なので「芸の楊に如かざるを知るなり」と書き下している②が正解。「自」は「みづから」と読み「自分で」、「芸」は「（絵の）技術」という意味。なお、「不レ如レ意」を「意のごとくならず」と読むと「思うようにならない」という意味になる。ここでの「不レ如」も「ごとくならず」（ようにならない）と読むことはできるが文意が通じない。

36 正解＝⑤

置き字**「於」「于」「乎」**などを用いても、比較・最上ができる。

「苛政猛二於虎一」（苛政は虎より（も）猛し／苛酷な政治は虎より恐い）の「於」は、あたかも英語の than。また、**「莫レ大二於是一」**（是より（も）大なるは莫し／これより大きなものはない）のように「莫」が上に乗った場合は、あたかも英語の Nothing ＋比較＋ than ＋名詞であり、意味上最上になる。36の文も逐語訳すれば、「人は自分を孔子（のような優れた人物）と思いこむより困ったことはない」「人は自分を孔子（のような優れた人物）と思いこむことが最も困ったことだ」となり、同義の⑤が正解となる。

☆限定形・累加形

37 正解＝③

限定形は**「たダ～ノミ」**と呼応する句形をいう。「たダ」と読む限定の副詞は多い。「唯＝惟（い）」「只＝啻（し）」とタ行の文字「但（たん）」「直（ちょく）」「徒（と）」「特（とく）」などがある。「独（どく）」だけは**「ひとリ～ノミ」**と読む。「のみ」は送り仮名で付ける場合と「耳」「爾」「而已」「而已矣」など漢字を用いる場合とがある。選択肢では「ただ～だけである」（限定）、「～にほかならない・～にすぎない」（強調）、「～なのである」（断定）などと訳し分けられる。

38 正解＝②

累加形は**「否定（不・非）＋限定形」**や**「反語（豈・何）＋限定形」**で構成される。累加とは「かさね加える」という意味。つまり限定を否定すると「ただ～だけでなく、さらに…」（not only ～, but also …）という意味になり、限定したものの上に何かを重ね加える意味が出るのでこの名称がある。読み方は、**「不二惟～一」**は「たダニ～ノミナラず」、**「非二惟～一」**は「たダニ～ノミニあらズ」というように、必ず「たダニ」の「ニ」を忘れないようにし、さらに「ナラ」「ニ」を補読することに注意してほしい。後半に「而」(but) や「亦」「又」(also) を付けて始める場合も多い。

39　正解＝③

「非ニ独～一」も累加形。読みは「ひとリ～ノミニあらず」となる。「独」は累加形に用いても「ひとリ」と読み「ひとリニ」としない。「非」に返読するときも「～ノミナルニあらず」としない。

40　正解＝①

反語を用いた累加形。「何」は「不」、「啻《し》」は「只《し》」に相当し、逐語訳すれば「手のひらを返す容易さばかりでなく、さらに……」となり、①が正解。

41　正解＝⑤

「豈独～、(亦…)」も「あニひとリ～スルノミナランヤ、(まタ…)」と読み、反語を用いた累加形。意味は「ただ～するだけではない、(そのうえ…)」となる。反語なので「不ニ独～一」と書き換えて「ひとリ～スルノミナラず」と読むのと同じになる。反語の文末「～のみならんや」と読んでいる②と⑤にしぼる。「与」は「A与レB」で「AとBと」と読むと並列の関係になる。「為」は多義語だが、意味から「なる」という四段動詞で読むことが分かる。正解は⑤となる。

☆抑揚形

42　正解＝④

抑揚形は**「A猶(尚・且)～、況B乎」**で「Aスラなホ(なホ・かツ)～、いはんやBヲや」と読み、「Aでさえやはり～である、ましてBはなおさら(～)である」という意味になる。「なおさらである」は「言うまでもない」「当然である」などとも訳す。抑揚形とは「A」と「B」との対比・比較の句形である。ただ抑揚形は基本形どおりでなく、前半や後半がくずれていることが多いが、文脈から意味を考えることができる。ここでの抑揚形は典型的な形で登場している。意味は「天帝に対してさえもこのようである(このように恨む)のだから、まして君主に対する場合は言うまでもない」というもの。

43　正解＝⑤

この抑揚形で42の解説のA・Bに当てはまるものは、Aが「児衣在レ側」、Bが「鞍懸レ柱」になる。Aは「児衣の側に在る」、Bは「鞍の柱に懸けたる」と読んでいる。この「ノ」は古文でいう格助詞「の」の同格の用法、漢文では**「修飾語の後置」**となる。漢文では「修飾語＋被修飾語」の語順が普通だが、「N(之)V」を「NのVする」と読むと、「被修飾語＋修飾語」の語順となり「修飾語の後置」となる。Aは「身近にあった子供の衣」、Bは「柱に懸けてある鞍」という意味である。これを抑揚形の公式に当てはめて訳せば、「身近にあった子供の衣でさえもかじられるのだから、まして柱に懸けてある鞍がかじられるのはなおさらである」となり、その書き換えである⑤が正解となる。

44　正解＝④

抑揚形の後半部分「況んやBをや」の解釈を問うている。「ましてBはなおさらである」の意味になっているのは②か④。「深く道徳に造らんと欲する者」は「しっかりと道徳を身に付けたい者」の意味。正解は④。

抑揚形の後半部**「況B乎」**は、

「而況乎B也哉」（しかルヲいはンヤBヲや）、

「何況B乎」（なんゾいはンヤBヲや）、

「豈況B乎」（あニいはンヤBヲや）、

「況於レB乎」（いはンヤBニおいテヲや）

とあっても意味は同じく「ましてBはなおさらである」となる。

☆疑問形

45　正解＝③

ここに登場した**「奈何」**は文頭に置いて**「いかんゾ〜」**（どうして〜）と読む疑問詞。反語文を作ることが多い。

文末に付く疑問詞にはA**「如何・奈何・若何（いかんセン）」**とB**「何如・何若（いかん）」**がある。

A**「〜如何。」**は「〜いかんセン。」と読み「〜どうすればよいか」（疑問）・「〜どうしようもない」（反語）という手段・方法を問い、疑問・反語の両方の意味がある。「如レ若《なんぢヲ》何《セン》（なんぢをいかんせん）」というように、目的語を挟み込むことが多い。

B**「〜何如。」**は「〜（は）いかん。」と読み「〜（は）どうであるか・どう思うか」という状態・意見・程度を問うもので、疑問の意味になる。

しかしこの二つのタイプは時代とともに混用される場合が多くなる。「奈何」と書いて「いかん」（「何如」の意味）と読ませたり、「何如」を「いかんセン」（「如何」の意味）と読ませたりする。読み方が意味をあらわしているので読みから内容を考える。今日パソコン・スマホで「ごきげんいかがですか」と打つと「ご機嫌如何ですか」と変換される。状態を問うものだから「何如」となるべきなのにである。

（補説）「いかん」という語は「いかなり」という形容動詞の連用形「いかに」から転化した副詞。「何如」を「いかナル＋N」と連体修飾語として読んで「どのようなN」という意味になる。10センター本試問4では「当二何如一」（まさにいかなるべし）の書き下し文が問われている。

46　正解＝②

「幾何」は**「いくばく」**と読み、How many・How long の意。「幾何学（geometry）」の意ではない。この「幾何」は「geo」の音訳。したがって①か②。「どのような人物」なら「何如《ナル》人（いかナルひと）」と書くはず。①の「十分ではない」の「ない」に相当する漢字はないので、②が正解となる。なお文頭の「度」は「はかル」という動詞で、音読みは「タク」。「忖度《そんたく》（他人の気持ちをおしはかる）」という熟語がある。

47 正解＝③

「孰」は**「たれカ＝誰」**と**「いづレカ」**の二つの読み方がある。つまり who と which の二つの働きがあり、ここでは前者。あとは使役形の問題といえる。

48 正解＝②

「V否」は「Vスル（連体形）ヤいなヤ」と読み疑問文になる。「肯定＋否定」で疑問文になり「Vするか（どうか）」という意味になる。「否（いなヤ）」は「不（いなヤ）」「未（いまダシヤ）」でも同じ意味になる。「汝知《ルヤ》不《ヤ》」は「なんぢしるやいなや」と読み「お前は知っているか」という意味。ここは「確否」で「かくたるやいなや」と読み「確実かどうか」という意味。これを「知る方法はない」につなげるから、②が正解となる。

49 正解＝③

「何」は「なんゾ」と読んで疑問にも反語にも用いられる。同訓文字に**「何《か》」「曷《かつ》」「奚《けい》」「胡《こ》」（か行）**などがある。**「何不」**は「なんゾ～セ（未然形）ざル」と読んで「どうして～しないのか」と疑問に訳したり、「～したらよいのに」と勧誘に訳したり、さらに「～しなさい」と命令に訳すこともある。英語の why don't you ～に当たる。なお結びが「ざル」と読まれ「ず」とならないのは、「なんゾ」の「ゾ」の係り結びによる。また「何不（カフ）」を一字にまとめたものが再読文字「盍（カフ）」である。ちなみに「縄《モテ》」の送り仮名「モテ」は「以」の意味で「以《テ》レ縄《ヲ》」と同じ表現となる。

50 正解＝④

「何」の下に「以」や「為」を伴うと、**「何以（なにヲもつテ（カ））」「何為（なんすレゾ）」**という慣用読みになる。「何」に代えて「曷」「奚」「胡」のいずれを用いても同じ読みになる。なお「何以」は原因・理由を問うほか、手段・方法を問う場合もあり、ここは前後の文脈を示せないが、後者の内容である。

51 正解＝①・④

「其学不レ如レ彼」は「そノがくかれニしカず」と読み、「（後世の人の）学びは彼（王羲之）には及ばない」という意味。**「不レ如」**という比較の句形が用いられている。**「豈」には疑問・反語・詠嘆・推量などの意味がある。「豈V邪」**を「あニ＋連体形＋か」で読むと疑問文になる。このとき「相手に同意を求める」意味であれば、「疑問を含んだ推量」あるいは「詠嘆的推測」「詠嘆」などの意味になる。「（後世の人の）学びは彼（王羲之）には及ばないのではないだろうか（及ばないだろうよ）」と解釈できる。「諸葛孔明者臥龍也。将軍豈願レ見レ之乎」（諸葛孔明なる者は臥龍なり。将軍豈に之を見るを願ふか。／諸葛孔明は臥龍である。将軍は彼に会うことを願うのではないでしょうか）と同じ句法になる。正解は①と④。

☆反語形

52　正解＝④

「安」は、「いづクンゾ」（どうして）と読んで反語文・疑問文を作ったり、「いづクニ（カ）」（どこに）と読んで疑問文を作ったりする。**基本的に疑問と反語の区別は前後の文脈による。**疑問文は次に答えが来る。反語文は「いや～ない」という答えがすでに含まれ、強い否定の意味になる。疑問詞を否定「不」に置き換えて文意が通じれば反語である。ここは「身不レ得レ無レ死」と書き換えて「わが身が死なないでよいはずはありません」という意味になることから反語文で読まなくてはならない。**「未然形＋んや」**という反語の結びに着目して①か④かにしぼる。①の「無みす」は「無視する」「ないがしろにする」意で不適切。④が正解。

なお**「安《あん》」「烏《う》」「焉《えん》」「悪《お》」「寧《ねい》」（あ行＋「ねい」）**は「いづクンゾ」と読む字であり、「寧」以外は「いづクニ（カ）」とも読む。「いづクニカ」は場所を問う疑問詞 where の意味であり、96センター追試問2で「其理安在（そのりいづくにかある／そんな道理がどこにあるのですか）」の意味が問われた。

53　正解＝③

「城」は元来「城壁」の意味で、ここでは城壁で囲まれた町・城郭都市の意味。前近代の中国の都市は周囲を城壁で囲っていた。姫路城のような城郭をいうのではない。**「安」**は**52**と同様「いづクンゾ」と読んで反語形を作る。逐語訳を示せば「町にどうしてそんな動物がいるのだろうか、いるはずがない」というものので、正解は③。

54　正解＝③

「安」は「いづクンゾ～セ（未然形）ンヤ」と読むと反語になる。③か⑤かを考える。「此」は「花」を修飾する連体修飾語として「コノ」と読む。「忽然」は「突然・にわかに」の意味なので「思いがけず」「不意に」と訳すことはできる。だが、⑤のように「不意に存在しなくなる」の意味になるには「忽然不在」の語順でなくてはいけない。漢文は語順によって意味が成立することを忘れないようにしよう。正解は③になる。

55　正解＝⑤

「寧」は**「いづクンゾ」**と読んで**反語文**を作り、疑問にはならない。「王侯将相、寧有レ種乎（おうこうしょうしょう、いづくんぞしゅあらんや）」は陳勝呉広の乱のスローガンで世界史に登場する。「種」の意味は「血筋」。**「寧」**は他に**「むしロ」**と読んで**選択形**を作ることがある。「寧為二鶏口一、無レ為二牛後一（むしろけいこうとなるも、ぎゅうごとなるなかれ／独立国でいるのがよい、秦の属国になってはならない）」は合従策を唱えた蘇秦のスローガンである。

56　正解＝①

「豈」は**「あニ」**と読んで反語文・疑問文・詠嘆文などを作

るが、反語文になることが多い。中国人は反語を好み、漢文にも反語を作る文字が極めて多い。一方、日本人には反語はあまり馴染まない。したがって反語の訳として「～でしょうか、いや～ではありません」というような疑問でもない、否定でもない訳をしてきた。ただし共通テスト漢文で反語の訳が出題された場合、こうした訳し方では選択肢が長くなり、正解も容易にわかってしまうので、言い切りの形で否定に訳される。「豈不レ知～」は「～知らなかったわけではない」となる。また否定文の反語はマイナス×マイナスでプラスつまり肯定になって正解が置かれているかもしれない。「豈不レ知～」が「～知ってはいた」というように。なお**「豈不～哉」**は**文脈によって詠嘆形**にもなり、その場合は**「あに～ずや」**と読む。

57　正解＝⑤

「詎」は「なんゾ」と読んでいるので「何」と同じ用法である。「詎知～乎」は「何ゾ知ランヤ」と同じであり反語になる。反語は否定の「不レ知」と同じであるので「知らない」という意味になる。「知」の目的語は「…ヲ」という送り仮名で終わる「薫染既深、後雖レ欲レ進二乎杜一、也可レ得」の部分となる。ここの**「雖」**は**逆接仮定**で、さらに「也可レ得」の下には「進二乎杜一」が省略されている。それを補うと、「後雖レ欲レ進二乎杜一、也可レ得レ進二乎杜一」となるが、ここの前半と後半は逆接で結ばれて対義の関係。意味の上から「不」を補うと、「後雖レ欲レ進二乎杜一、也不レ可レ得レ進二乎杜一」となる。つまり「のちに杜詩を学ぼうとしても、もはや杜詩を学ぶことができなくなっている」という意味になる。ここでは「可レ得」は「得べキカ」と読み文意から反語で解釈する。疑問か反語かは文末表現ではなく文意で判断する。ただし**「～んや」という文末は必ず反語になる。**

58　正解　(i)＝④　(ii)＝③

「曷」は「何」と同じく「なんゾ」と読む疑問詞。文末は「～ざらんや」という反語か「～ざるや」という疑問かを考える。「解釈」の選択肢から孔子が古の教えを追求していたことがわかるので、「敏」を貴んでいたと考えることができる。つまり「書き下し文」は反語の「敏を貴ばざらんや」となる。「解釈」は反語なので「どうして「敏」を貴ばなかったことがあろうか」となる。「於」は「V二於～一」の文構造でも動詞の意味によっては目的をあらわし「～ヲVス」と読むことがある。「也」は文中では間投助詞「や」で読み、強調の意をあらわす。**漢文は意味を考えないと書き下すことはできない**ということを忘れないように。なお、「則」は強調の意味を示している。

59　正解＝③

「何A之有」は「なんノAカこレあラン」と読み、「どのようなAがあろうか、いや、どのようなAもない」という反語になる。「之」は「コレ」と送り仮名「レ」を付けて読むときは倒置をあらわす強意の副詞。また、「為」は「たリ」と読むとき繋辞になり、英語のbe動詞、断定の助動詞「たり」に相当して

「である」の意味になる。

60　正解＝④

「何必〜」は「なんゾかならズシモ〜セ（未然形）ンヤ」と読んで反語になる。「不二必〜一」と否定に書き換えると「かならズシモ〜セ（未然形）ず」と読む。これは部分否定の「きっと〜するとは限らない」という意味になるが文意が通じない。また、「必」の否定の語法で「〜する必要はない」の意味にもなる。「自分で産む必要はない」であれば文意が通じる。これをさらに読み換えて「自分で産んだかどうかが大事なのではない」とする④が正解となる。「親」は「みづかラ」（自分で）と読む。最近の**選択肢は読み換えてあることが多い**ので注意すること。

61　正解＝①

「其能幾何」は「そレよクいくばくゾ」と読んでいる。**「幾何」**は「どれくらいか・どれほどか」と数量・分量を表すが、ここでは反語の意味になり、「どれくらいだろうか・どれくらいもない・いくらもない」という意味になる。**「其」（そレ）**は強調の副詞で反語を表すことが多いが、疑問・詠嘆・推量なども表す。選択肢には疑問・詠嘆・推量の意味になるものがないので、反語で考える。「能」（よク）は可能の意味を表す副詞。ここは「どれくらいできようか。どれくらいもない」の意味になることから「決して広くない」と解釈できる。正解は①。

☆詠嘆形

62　正解＝③

「何其〜也」は「なんゾそレ〜スル（連体形）や」と読んで「なんと〜ことか・なんと〜ことよ」という詠嘆形になる。「何（なんゾ）」は詠嘆の副詞として「なんと」という意味になる。「其（そレ）」は強意の助詞となる。文末が「〜スル（連体形）や」となって疑問文と詠嘆文は書き下し文が同じになるが、解釈は文脈による。

63　正解＝②

「不二亦〜一乎」は「まタ〜ずや」と読み「なんと〜ではないか・なんと〜なことよ」という意味の**詠嘆（的反語）**を作る。「宜」は「むべなり」と読んで「もっともだ」の意。「不」の否定内容が消され肯定の意味になり「なんともっともなことよ」と訳す。相手に同意を求める・念を押す表現となる。なお反語といえば「未然形＋んや」の形で結ぶことが多いが、詠嘆の意味が加わる場合は「未然形＋ずや」の形で結ぶ。「亦」は「なんと」という詠嘆の副詞になる。

（補説）同訓異字の「また」について

「復」は回数で**「二度」「再び」**again。

「亦」は類似で**「やはり」**also。直前の語に「も」を送り「〜も亦た」と読み「〜もまた同じように」という意味になる。

「又」は添加で**「さらに」「その上」**besides。

重要句形に結びつけていえば、

「不㆓復〜㆒」は「二度と〜しない」「もう・もはや・そのまま〜しない」という部分否定の意味。

「不㆓亦〜㆒乎」は詠嘆（的反語）となり、この場合「亦」は「なんと」という詠嘆の副詞の意味。

「既〜又…（すでニ〜また…）」は「〜である、そのうえ…である」となる。

64　正解＝④

「不㆓亦V㆒耶」は「まタVセずや」と読み、詠嘆（的反語）で「なんとVではないか」という意味になる。**詠嘆形は相手に同意を求める・念を押す表現。**

「不㆓亦V㆒乎」（まタVセずや）、「豈不㆑V乎」（あニVセずや）は、「なんとVではないか・なんとVであることよ」という詠嘆の意味になる。このときの「亦」「豈」は詠嘆の副詞として「なんと」という意味になる。「不㆑V乎」（Vセずや）でも「Vではないか」という意味になる。**文末を「…ずや」と読むとき詠嘆（的反語）になる。**この詠嘆（的反語）は特殊な詠嘆と考えられるもの。「不」は「非」に置き換えることがある。

65　正解＝⑤

「豈不㆑V」は「あニVセずヤ」と読む詠嘆の句形。「なんとVではないか・なんとVであることよ」という意味になる。これは特殊な詠嘆・詠嘆の慣用句・詠嘆的反語などとも分類される。「詠嘆」は「相手に同意を求める・念を押す」用法になる。「乎」の文字がなくとも「ずや」で結ぶと詠嘆になる。「ずや」は打消の助動詞「ず」の終止形＋終助詞「や」と考えられる。また、「貴賤相懸」「朝野相隔」と「堂遠㆓於千里㆒」「門深㆓於九重㆒」はそれぞれ対句になり対応している。この部分から「原因・理由」を示す「以」に返る。「以」は「以てなり」と動詞化して「…だからである」という意味を表している。文末を「…以てなら**ずや**」と読んでいる⑤が正解。

熟語問題過去問

解答・解説

解答

設問	1	2	3	4(ア)	4(イ)	5	6(ア)	6(イ)	7	8	9
解答	④	④	④	⑤	②	③	②	④	①	③	③
チェック欄											

設問	10	11	12(ア)	12(イ)	13	14	15(ア)	15(イ)	16(ア)	16(イ)	17(ア)	17(イ)
解答	①	⑤	①	②	③	③	④	②	⑤	②	③	②
チェック欄												

設問	18(ア)	18(イ)	19(ア)	19(イ)	20(ア)	20(イ)	21(ア)	21(イ)	22(ア)	22(イ)	23(ア)	23(イ)
解答	③	②	⑤	①	②	④	⑤	③	③	④	②	④
チェック欄												

設問	24(ア)	24(イ)	25(ア)	25(イ)	26(a)	26(b)	27	28(1)	28(2)	29(1)	29(2)	30
解答	⑤	①	②	⑤	③	④	③	③	②	⑤	④	④
チェック欄												

解説

1 **正解＝④**

「辞」には「言葉・文章」といった意味以外に、「ことわる」「別れを告げる」などの意味がある。「ことわる」意味の熟語を要求されているから④「固辞」をとる。参考までに「言葉・文章」なら①「言辞」②「辞令」③「修辞」⑤「訓辞」、「別れを告げる」なら⑥「辞去」。

2 **正解＝④**

「易」は「イ」と「エキ」の二つの音読みがあってそれぞれで意味が異なる同字異音異義である。「イ」は「やすシ」という訓である。「容易」などの熟語がある。「エキ」は「かフ」という訓である。「交易」などの熟語がある。中唐の詩人「白居易」の「易」は「イ」と読むから、三つの熟語ともに「イ」と読む選択肢をとることになる。④の「簡易（カンイ）」「難易（ナンイ）」「平易（ヘイイ）」が正解。なお「改易（カイエキ）」は「改め変える」意で江戸時代に大名の領地を没収することなどを言った。「不易（フエキ）」は「不変」の意で芭蕉の俳諧用語として「永遠性」の意味で用いられる場合が多い。

3 **正解＝④**

「故」には「ゆえ」「こと（①事故や③世故）」「しぬ（②物故）」「ふるい（⑤故実）」「もと（④故郷）」「わざと（⑥

故買、訓読では「ことさらニ」と読む)」などさまざまな意味がある。「もと」の意味では④「故郷」を選ぶことになる。なお③「世故」は「世の事がら」つまり「世間の風習」、⑤「故実」は「古い事がら」つまり「昔の儀式」、⑥「故買」は「盗品と知りながらわざと買う」といった意味（「わざと」の意味なら他に「故意」がある）。ちなみに漢文で「故人」は「旧友」の意味であるから、その「故」は「ふるい」。

(補説) 和漢異義について

現代文と漢文で意味を異にするものを和漢異義という。熟語では、右の「故人」=「旧友」のほか、「百姓(ひゃくせい)」=「庶民」、「人間(じんかん)」=「世間」、「大丈夫(だいじょうふ)」=「りっぱな男子」、「是非」=「正しいか誤りか」などが重要である。

4 正解 (ア)=⑤ (イ)=②

(ア)「強」には主に「しふ(しいる)」と「つよし(つよい)」の二つの意味がある。前者には①「強要」②「強制」③「強奪」④「勉強」が、後者には⑤「強硬」が該当する。問題は「しふ」と異なる意味の熟語を要求しているから「つよし」の意味を持つ⑤「強硬」が正解となる。なお同じ読みとなる「強行」は前者「しふ」の内容であるから注意。また④「勉強」は漢文では「無理じいする」意味で現代語と意味が異なる。

(イ)「負」には「おフ(おう)」「まク(まける)」「そむク」などの読み方がある。「おふ」の読みには「せおう(④負担)」「たのむ(①抱負・③自負)」「かりる(⑤負債)」などの内容が含まれる。「おふ」と異なる意味のものは、「まける」意味の②「勝負」がそれである。なお「そむく」意味の「負」を含む熟語は現代語にないが、読み方の問題として出題されることがある。05センター本試Ⅰ・Ⅱ問1で出題。

5 正解=③

日頃、何気なく使っている熟語に漢文の構造(V+Oの構造)を持つものが少なくない。レ点を付けて訓読すれば意味がとれる。①「合格」は「格に合ふ」、②「施政」は「政を施す」、④「挑戦」は「戦ひに挑む」、⑤「募金」は「金を募る」、⑥「救災」は「災ひを救ふ」。しかし③「作家」だけは「家を作る」意味ではなく、修飾語+被修飾語の構造で「(芸術作品などを)制作する人」の意である。正解は③。

6 正解 (ア)=② (イ)=④

(ア)「経」を含む熟語には、「をさむ(おさめる)」意で①「経営」③「経世」、「ふ(へる)」意で②「経由」、「たていと・たて」の意で④「経緯」、「不変の真理」の意で⑤「経典」などがある。正解は②。なお③に関して「経済」という言葉は「経世済民(世を経め民を済ふ)」を略したもので「をさめすくふ」という内容であり、極めて政治的な意味合いが強く、現在のエコノミーと随分かけ離れていた。また「たていと」は織物をするときに固定して動かさない。そこから⑤「経典」のような「不変の真理」という意味が派生した。

(イ)「亡」には「ほろぶ（ほろびる）」「にぐ（にげる）」「しす（しぬ）」などの意味がある。①「滅亡」②「存亡」⑤「興亡」は「ほろぶ」、④「逃亡」は「にぐ」、③「死亡」は「しす」意味でそれぞれ使われている。正解は④。

7　正解＝①

「悪」は2「易」と同様に同字異音異義であり、「アク」と「オ」の二つの音読みがあってそれぞれで意味が異なる。「アク」には「わるシ」という訓があり、「悪人」などの熟語がある。「オ」には「にくム」という訓があり、「嫌悪」「憎悪」などの熟語がある。ちなみに「いづクンゾ」「いづクニカ」と疑問詞で読むこともある。この問題は「悪」を「オ」と読む熟語を選ばせるもので、「好き嫌い」の意の①「好悪（コウオ）」が正解。

8　正解＝③

「自責」は「自らを責める」という意味。漢文の語順はV＋Oだから「自らを責める」なら「責自」となるはずなのに、「自」はこのように例外を作ることがある。正解は「自らを推薦する」という意味の③「自薦」。同じ構造を持つものに「自愛」「自負」「自失」などがある。「他」も同様で「他愛（他人を愛する）」「他言（他人に言う）」などが思い出される。

なお「自」は「みづからラ」のほかに、「自然・ひとりでに」という意味で「おのづからラ（②自然、④自動）」、時間・場所の起点で「より（出自）」と読むことがある。

9　正解＝③

「曲直」の「曲」は「直」の反対で「まがったこと」の意。①「曲調」は「ふしまわし」。②「曲技」は「かるわざ」。③「曲学」は「学問をまげる」、「曲学阿世（学を曲げて世に阿《おもね》る）」という四字成語の知識があれば有利。④「戯曲」は「芝居の台本」。⑤「委曲」は「こまかいこと」「くわしいこと」で、「委曲をつくして説明する」などという。自動詞「まがる」と他動詞「まげる」の相違はあるが、同じ動詞の内容で③が正解となろう。

10　正解＝①

「謝」は「礼を言う」「あやまる」「ことわる」「かわる」などの意味がある。②「感謝」⑤「謝恩」⑥「謝礼」は「礼を言う」意味。中国語の「謝謝（シェーシェ）」もこの意味。①「陳謝」は「あやまる」意。正解は①。なお「あやまる」意味なら①のほかに「謝罪」もある。④「謝絶」は「面会謝絶」などというように「ことわる」意。③「代謝」は「新陳代謝（新旧が入れ替わる）」などというように「かわる」意。

11 **正解＝⑤**

「卒然」の「卒」は「にわかに」の意で「卒倒（にわかに倒れる）」「卒中（にわかに中風にかかる）」などの熟語が思い出される。⑤の「突然」が正解。「忽然（コッゼン）」も同義。「卒」は「終」「竟」と同様に「ついに」と読むこともあり、身分の高い人が「しぬ」という意味で「しゅっス」と読んで使うときもある。

12 **正解** **(ア)＝①** **(イ)＝②**

(ア)「好」には主に形容詞「よい good」と動詞「このむ like」の二つの意味があることを覚えておこう。「このむ」は①の「愛好」である。

(イ) 2でふれたように「かわる」意の「易」はエキと読む。エキと読む熟語は②「交易」である。

13 **正解＝③**

「討」の主要な意味は「うつ」と「たづぬ（調べる）」であり、選択肢の中で「たづぬ」の意味を持つものは③「検討」だけである。

14 **正解＝③**

「二字の熟語で言い表すとすれば」という出題。文脈から「礼を言う」意味だと判断し、③「感謝」をとる。ただ総当たりで文中に入れて確認しても、それほど時間はかからない。

15 **正解** **(ア)＝④** **(イ)＝②**

(ア)「約」には「とりきめる」「ひきしめる（内容・費用）」「およそ」などの意味がある。文脈から「とりきめる」と判断し④「誓約」を選ぶ。ちなみに「ひきしめる（内容）」なら①「要約」⑤「簡約」が、「ひきしめる（費用）」なら②「節約」③「倹約」が該当する。

(イ)「道」は「みち」のほか「言う」意味がある。「言う」意味なら②の「報道」や「道破（言いつくす）」など使用例は限られている。正解は②。

16 **正解** **(ア)＝⑤** **(イ)＝②**

(ア) ①「部首」②「首位」の「首」は最上の意。③「斬首」④「首肯」の「首」は頭の意。われわれの言う「くび」は漢文において「刎頸の交わり」の「頸」を多く用いる。⑤「自首」の「首」は「罪をもうす」意。なお「目上にもうす」という意味なら「敬白」「建白」の「白」を使う。正解は⑤。

(イ) ①「敬称」④「称号」⑤「呼称」の「称」は「となえる」意。②「称賛」の「称」は「ほめる」意。③「対称」の「称」は「つりあう」意である。正解は②。

17 **正解** **(ア)＝③** **(イ)＝②**

熟語問題で「本文中の意味を二字の熟語で言い表すとすれば、どれが最も適当か」と出題された場合、選択した熟語を本文中に戻して意味が通るかどうか検証すればよい。

(ア)「自」には「みづかラ」(自分自身で)、「おのづかラ」(自然と)、「より」(〜から)の三通りの読み方がある。「より」と読むときは返り点が必要になる。正解は③。

(イ)「与」は重要な同字異訓(同じ字で多様な訓読みがある字)であり、「あたフ(与える)」「あづかル(関係する・関与する)」「くみス(味方する・仲間になる)」「と」「ともニ」「より」などの読みがある。正解は②。なお「くみス」の意味で用いられた熟語には「与党」がある。「と」と読むとき、「A与ㇾB」を「AトBと」と読み、「AとBと一緒に」の意味になる。「より」は「与二其〜一不ㇾ如二…一(其の〜よりは…に如かず)」(〜するよりは…する方がよい)と読む比較の句形で用いられる。

18 正解 (ア)=③ (イ)=②

(ア)の「測」は「はかル」という訓だが、「何かの基準をもとにして深さ・長さ・温度などをはかる」(測量・実測・測定・目測・計測)、「予測する・考えてみる」(不測)、「おしはかる」(推測)などの意味がある。正解は③。

(イ)の「放」は「はなツ」という訓だが、「解き放つ」(解放)、「遠くへはなす・追いやる」(追放)、「ほしいままにする」(放任・放蕩)、「そのままにしておく・放っておく」(放置・放棄)などの意味がある。正解は②。

19 正解 (ア)=⑤ (イ)=①

(ア)「中」は「まんなか」「あいだ」「うちがわ」などの意味がほとんどであるが、動詞で「あたる」「あつ(あてる)」がある。⑤「中毒」は「毒にあたる」と読める。問題文は他動詞「あつ(あてる)」の意味だから若干ずれているが、同じ動詞であり、最も適当なものといえばこれが正解となろう。「あつ」の熟語として「的中」「命中」がある。

(イ)①「師団」の「師」は軍隊の単位、②「法師」の「師」は指導者、③「師事」⑤「師匠」の「師」は先生、なお「師事」は相手を先生として仕える意。「事」に「仕える」意味があり、今後熟語問題として出題が予想される。その場合はこの「師事」か「兄事」が正解となろう。④「京師」の「師」は多くの人々という意味。京師は多くの人々が集まる都の意。⑥「薬師」の「師」は専門家。正解は①。

20 正解 (ア)=② (イ)=④

(ア)「称」は16(イ)に既出。ここも「ほめる」意で②「称賛」が正解。

(イ)「精」は多義語であるが、問題文は「くわしい」意で用いられている。二字の熟語で言い表すとどれが適当かという問題であるから、総当たりで本文に戻して確認するとよい。④「精密」が正解。

21 **正解** (ア)=⑤ (イ)=③

(ア) ①「引責」の「引」は引き受ける意。②「引退」の「引」は引き下がる意。③「引率」の「引」は引き連れる意。④「引見」の「引」は引き寄せる意。⑤「引用」は例をあげる意。正解は⑤。

(イ) ①「利息」の「息」は「ふえたもの」の意。②「安息」の「息」は「やすむ」意。③「嘆息」の「息」は「いき」の意。④「息災」の「息」は「やむ」意。付言すれば「終息」の「息」も同様で「やむ」意。⑤「息女」の「息」は「生んだもの」の意。正解は③。

22 **正解** (ア)=③ (イ)=④

(ア) ①「延長」の「長」は「のばす」意。②「首長」の「長」は「かしら」の意。③「成長」の「長」は「育つ」意。④「冗長」⑤「悠長」の「長」は「ながい」意。正解は③。

(イ)「謝」については10に既出。正解は④。

23 **正解** (ア)=② (イ)=④

(ア) ①「出帆」は船が帆を出して港を出る。②「出藍」の「出」は「〜から作られる(made from)」意。「出藍之誉」は青色は藍の草から作られるが、藍の青さより青い、ということから弟子が先生より立派になることをいう。②が正解。9と同様に四字成語の知識があれば有利な問題であった。③「出師(スイシ)」の「出」は「出す」意。「師」は19(イ)で既出したように「軍隊」の意。つまり「軍隊を出動させる」。諸葛亮の上奏文に「出師の表」があって有名。④「出奔」の「出」は「出る」意。「他所に逃げて出る」。⑤「出資」の「出」は「出す」意。「資金を出す」。

(イ) ①「余裕」の「余」は「ゆたか(豊)」、②「余念」③「余人」の「余」は「ほか(他)」、④「余熱」の「余」は「のこ(残)っている」、「余生」の「余」もこの意味。⑤「余暇」の「余」は「暇」と同様「ひま」の意。正解は④。この問題は難。

24 **正解** (ア)=⑤ (イ)=①

(ア) ①「過敏」③「過労」④「過剰」の「過」は「度をこす」意。②「過去」の「過」は「時がたつ」意。⑤「過失」の「過」は「あやまち」の意。正解は⑤。

(イ) ①「災難」の「難」は「わざわい」の意。②「非難」の「難」は「そしる」意。③「難解」④「難病」⑤「難易」は「むずかしい」意。正解は①。

25 **正解** (ア)=② (イ)=⑤

(ア) ①「挙動」⑤「快挙」の「挙」は「事をおこす」意。②「挙国」の「挙」は「こぞって」の意。日本史に「挙国一致内閣」という用語がある。③「挙手」の「挙」は「あげる」意。④「選挙」の「挙」は「多くの中から取り上げる」意。正解は②。

(イ) ①「簡略」②「簡潔」③「簡便」④「繁簡」の「簡」は「手軽」という意。⑤「書簡」の「簡」は「手紙」の意。「書」一字でも「手紙」の意味としてよく用いられる。「家書」は「家からの手紙」とか「家に宛てた手紙」の意味で頻出する。正解は⑤。

26 正解 (a)=③ (b)=④

(a)「易」は2で説明したように、音読みによって意味が区別できる多義語。音読み「イ」のときは「やすシ」と訓読みして「やさしい・たやすい」の意味。③「簡易」の他、「安易・平易・難易・容易」などの熟語がある。また「イ」の音読みで「あなどル・かろンズ」と訓読みし「あなどる・軽視する」の意味にもなる。音読み「エキ」のときは「かフ・かはル」と訓読みして「変える・変わる」の意味。①「交易」⑤「改易」の他、「貿易」などの熟語がある。ほかには「エキ」と音読みして「易経」という書を意味し、「うらない」の意味で②「易占」④「易学」などの熟語がある。正解は③。

(b)「経」は、漢音では「ケイ」と読み、仏教の語の読みが多い呉音では「キョウ」と読む。「ふ」と訓読みする下二段活用の動詞で「通る・すぎる」(④経路)の意味がある。また、「をさム」と読み「治める・統治する」(経済)の意味。①「政経」は「政治経済」の意味。②「経常」は「平常」の意味で、「経」は「つねの・いつもの」(経費)のこと。③「写経」は「経文を写すこと」の意味で、「経」は「ふみ・書物・経典・四書五経」のこと。⑤「経緯」は「縦糸と横糸」「物事の条理・物事のいきさつ」の意味。正解は④。

27 正解=③

「援」は「間に手を差し入れて助け緩和したり、引っ張り引き入れたりすること」の意味を持つ。「ひク」と読み、「引用する・引き寄せる」(③援用)の意味。「たすク」と読むと「救い助ける」(①援助・②応援・④支援・⑤援軍・救援)の意味になる。正解は③。

28 正解 (1)=③ (2)=②

(1)の「手」は「てヅカラ」と読み、「自分の手で・手でもって」という意味がある。名詞の「手」には「仕事」(着手)、「技芸や細工がうまい人」(①名手)などの意味がある。④「手腕」は「うで・腕前・能力」、②「挙手」は「手を挙げる」、⑤「手法」は「手段・方法」の意味。ここは「自分で」とあるので「自分で書きつけた記録」という意味の③「手記」が正解となる。

(2)の「致」は「いたス」と読み、「持ってくる・もたらす」の意味がある。基本的には「至らせる」という意味だが、訳すときには工夫が必要。「送り届ける(送致)」、「呼び寄せる(②招致)・招き寄せる(誘致)」、「表現する・伝える(致意・致言)」、「贈る・差し出す(致命)」、「かえす・官を辞する(致仕)」、「おもむき・味わい(①筆致・④風致)」、「同じ所に至る（⑤一致）」、「行き着いたきわみ（③極致）」、「手に入れる」「出し尽くす」「（結果的に）到達する」、などの意味がある。正解は②。

29 正解 (1)＝⑤ (2)＝④

(1)「久レ之」は「これヲひさシクス」と読む。「久し」は「長い時間がたつ・長い時間をかける」という意味。選択肢の意味は現代日本語としての意味。①「漸次（ぜんじ）」は「しだいに・だんだんと」、②「常時」は「普段・いつも」、③「往往」は「しばしば」「よくあるさま」、④「頻繁」は「しきりに」、⑤「暫時（ざんじ）」は「しばらくの間」の意味になる。正解は⑤。

(2)の「添」は「そフ」と読み「つけくわえる・そえる」の意味。「添加」という熟語がある。①「加減」は「加えたり減らしたりする」、②「補充」は「足りないものを補う」、③「固定」は「定める・変化しない」、④「付加」は「つけくわえる」、⑤「成立」は「なりたつ・まとまる」という意味になる。正解は④。

30 正解＝④

「故」は「ゆゑ」と読み、名詞で「理由・わけ」の意味になる。ほかに「もと・もとヨリ」と読み「もと・もとより」、「ゆゑニ」と読み「ゆえに・そのために」、「ことさらニ」と読み「ことさらに・わざと」、「ふるシ」と読み「古い」、「こ」と読み「死ぬ」「こと・事柄・さしさわり」などの意味がある。また「故人」で「昔からの友人」の意味、「如レ故」（もとノごとシ）で「もとのようである・もとどおりである」の意味になる。正解は④。

漢詩の常識

○形式

古体詩（古詩）＝近体詩の決まりから外れるもの。唐代以前だけでなく唐代以降のものも古体詩と呼ぶ。四言・五言・六言・七言など字数・句数は自由。

近体詩＝五言・七言のみ。

絶句＝四句…起句（第一句）・承句（第二句）・転句（第三句）・結句（第四句）

律詩＝八句…首聯（第一・二句）、頷聯《がんれん》（第三・四句）、頸聯《けいれん》（第五・六句）、尾聯（第七・八句）

◎絶句―四句から成る詩

五言絶句

起句　○○○○○
承句　○○○○●
転句　○○○○○
結句　○○○○●

七言絶句

起句　○○○○○○●
承句　○○○○○○●
転句　○○○○○○○
結句　○○○○○○●

◎律詩―八句から成る詩

五言律詩

首聯　○○○○○　○○○○●
頷聯　○○○○○　○○○○●
頸聯　○○○○○　○○○○●
尾聯　○○○○○　○○○○●

七言律詩

首聯　○○○○○○●　○○○○○○●
頷聯　○○○○○○○　○○○○○○●
頸聯　○○○○○○○　○○○○○○●
尾聯　○○○○○○○　○○○○○○●

※●は押韻（韻をそろえる）

詩のリズム（意味まとまり）
五言詩　〇〇＋〇〇〇（二字＋三字）
七言詩　〇〇＋〇〇＋〇〇〇（二字＋二字＋三字）

〇押韻
偶数句の末字に同じ韻（同じ響きをもった音）をならべる。韻は一〇六韻（平水韻）ある。
七言詩は第一句末も韻を踏むことが多い。第一句末に韻を踏んでいないものを「踏み落とし」といい、その例も多い。
古詩は偶数句末に押韻するのが原則である。詩の途中で韻の種類が変わる「換韻詩」が普通だが、最後まで一種類の韻で通す「一韻到底」もある。
◎詩の句末の空欄補充は押韻の問題なので、その前後の偶数句末と韻をそろえる。
便宜的方法＝まず偶数句末の漢字の音読みをローマ字表記する。最初の「子音」部分を取り除いた残りが「韻」と考える。選択肢から同じ韻の漢字を探して意味を確認する。

〇対句
文法構造が同じ・表現内容が対応するもの。結果的に返り点が同じになることが多い。
※律詩は頷聯（第三・四句）と頸聯（第五・六句）が対句になることが多い。

漢文訓読に必要な助動詞一覧

接続	語	未然形	連用形	終止形	連体形	已然形	命令形	使用法
未然形	しむ	しめ	しめ	しむ	しむる	しむれ	しめよ	使役の意味で、「使」・「令」などの読みや、送り仮名として補読。
	る らる	れ られ	れ られ	る らる	るる らるる	るれ らるれ	れよ られよ	受身の意味で、「被」・「見」などの読みや、送り仮名として補読。
	ず	ず ざら	ず ざり	ず ○	○ ざる	○ ざれ	○ （ざれ）	否定の意味で、「不」・「弗」の読みや、再読文字「未」・「盍」の二度目の読み。
	ん（注1）	○	○	ん	ん	○	○	推量・意志の意味で送り仮名として補読。また、反語文や「欲」、再読文字「将」・「且」の書き下し文には必須。
サ未四已	り	○	○	り	る	○	○	完了・存続の意味で送り仮名として補読。
連用形	たり	○	○	たり	たる	○	○	完了・存続の意味で送り仮名として補読。
	き（注2）	（せ）	○	き	し	○	○	過去の意味で送り仮名として補読。
終止形	べし（注3）	べけ べく べから	○ べく ○	○ べし ○	○ べき ○	○ ○ ○	○ ○ ○	可能・許可のほか意味は広い。「可」の読みや、再読文字「当」・「応」・「須」・「宜」の二度目の読み。

体言・連体形・助詞							
なり	なら	なり に	なり	なる	なれ	なれ	断定の意味で、「也」の読みや、送り仮名として補読。
たり	たら	たり と	たり	たる	たれ	たれ	断定の意味で、「為」の読みや、送り仮名として補読。
ごとし	ごとく	ごとく	ごとし	ごとき	○	○	比況・例示の意味で、「如」・「若」の読みや、再読文字「猶」の二度目の読み。

（注1）漢文訓読文では、推量「む」は「ん」と書く。

（注2）サ変動詞には変則的な接続をする。
・合格せ（未然形）し人。

（注3）ラ変動詞（有り・在り）とラ変型の形容詞・形容動詞・助動詞には連体形に接続する。
・有るべし。　・美しかるべし。　・静かなるべし。　・笑はざるべし。

（補）接続助詞の「ば」と「も」について

未然形＋ば →順接仮定「～ならば、……」
已然形＋ば →順接確定（既）「～なので、……」「～たところ、……」
＝漢文ではこの読みが多用される

（形容詞は連用形）
終止形＋とも →逆接仮定「（たとえ）～ても、……」
連体形＋も
＝漢文ではこの読みが多用される
已然形＋ども →逆接確定（既）「（たしかに）～けれど、……」

漢文の基本構造

(1) **主語（S）＋述語（V）**

〔述語には「動詞」「形容詞・形容動詞」「名詞＋ナリ」を置く。〕

花開《ク》。（花開く）　山高《シ》。（山高し）　孔子《ハ》聖人《ナリ》。（孔子は聖人なり）

(2) **主語（S）＋述語（V）＋目的語（O）**

〔目的語には「ヲ」の送り仮名が多い。述語が他動詞の時にその目的となる語。本来、客語という。〕

我学《ブ》二漢文《ヲ》一。（我漢文を学ぶ）

(3) **主語（S）＋述語（V）＋〔於・于・乎〕＋補語（C）**

〔補語には「ニ・ト・ヨリ（モ）・（ヲ）」の送り仮名が多い。述語の意味を補足する語。本来、補足語という。英語の間接目的語・補語とほぼ近いものと考える。〕

我登《ル》レ山《ニ》。（我山に登る）

青出《デテ》二於藍《ヨリ》一、青《シ》二於藍《ヨリモ》一。（青は藍より出でて、藍よりも青し）

(4) **主語（S）＋述語（V）＋目的語（O）＋〔於・于・乎〕＋補語（C）**

我与《フ》二書《ヲ》於友人《ニ》一。（我書を友人に与ふ）

(5) **主語（S）＋述語（V）＋補語（C）＋目的語（O）**

〔「与・授・賜・遺・致」などの授与動詞、「教・告・示・言・問」などの動詞のとき。〕

我与《フ》二彼《ニ》書《ヲ》一。（我彼に書を与ふ）

(6) **主語（S）＋述語（V）＋補語（C1）＋〔於・于・乎〕＋補語（C2）**

我就《ク》二学《ニ》於京師《ニ》一。（我学に京師に就く）

☆**修飾の関係――修飾語＋被修飾語**〔修飾語は被修飾語の直前に置かれる。〕

(1) **連体修飾語**〔体言の上にあって、修飾・限定する。被修飾語の直前に置かれる。〕

此ノ道（此の道）　我読ム二古之書ヲ一（我古の書を読む）　無シ二良書一（良書無し）

※連体修飾語の後置

・**「N之V者」の構文。**〔名詞（N）の前に置くはずの修飾語（V）を後ろに置く。「之《の》」あるいは「ノ」と送り仮名をつける。この「ノ」は格助詞「の」の同格の用法と考える。〕

地之美ナル者（地の美なる者）＝**美シキ地**（美しき地）

異之大ナル者（異の大なる者）＝**大イナル異**（大いなる異）

・**「有二NV一・無二NV一」の構文。**〔「有・無」の後では、修飾語（V）は前の名詞（N）を修飾する。〕

有リ二人ノ言フ一（人の言ふ有り）＝**有リ二言フ人一**（言ふ人有り）

(2) **連用修飾語**〔用言の上にあって、修飾・限定する〕

善ク聴ク。（善く聴く）　朝ニ聞ク。（朝に聞く）

東ニ流ル。（東に流る）　始メテ至ル。（始めて至る）

☆**熟語の構造**

(1) **主語＋述語の関係**……地震・日没・鶏鳴・雷鳴・天授・年長

(2) **動詞＋目的語・補語**……為福・読書・抜群・握手・破産・昇天・即位・臨時・求人

(3) **連体修飾語の関係**……大器・美田・天命・万里・人事・善人・大海・白雪

(4) **連用修飾語の関係**……晩成・百聞・一見・長征・再建・博愛・最大・早熟

(5) **同義語の関係**……身体・絵画・論説・思考・永遠・巨大・単独・変革・闘争

(6) **類義語の関係**……金銀・歳月・子孫・風雨・車馬・兄弟・山河・耳目・見聞

(7) **反義語の関係**……愛憎・尊卑・善悪・賞罰・勝敗・美醜・明暗・軽重・栄枯・収支

基本句形一覧

☆再読文字

□**未レV**《いまダVセず》（まだ）Vしていない・しない
　※「Vセ」は未然形(以下同じ)。

□**将レV**《まさニVセントす》
(今にも)Vするだろう／Vしようとする／Vしたいと思う
　※「且」も同じ。「欲レV」《Vセントほつス》も同じ意味。

□**宜レV**《よろシクVスベシ》Vするのがよい・しなければならない
　※「Vス」は終止形（ラ変型活用語には連体形)。

□**当レV**《まさニVスベシ》
Vするにちがいない・しなければならない・しなさい
　※「Vス」は終止形（ラ変型活用語には連体形)。
　※「応」も同じ読み・意味。（推量の「Vするだろう」が多い）

□**須レV**《すべかラクVスベシ》
Vする必要がある／Vしなければならない
　※「Vス」は終止形（ラ変型活用語には連体形)。
(否定）不レ須レV《Vスルヲもちヒず》　Vする必要はない
(反語）須レV乎《Vスルヲもちヒンや》　Vする必要はない
　※「Vスル」は連体形。
　※「須」「当」「宜」の順に強弱で意味が区別されることが多い。

□**猶レ～**《なホ＋体言＋ノ（・連体形＋ガ）＋ごとシ》
まるで～のようである・～とおなじである

□**盍レV**《なんゾVセざル》
どうしてVしないのか、Vすればよいのに・Vしたまえ
　※「何不レV」《なんゾVセざル》と同じ勧誘。

・・

☆否定の句形

○単純な否定

□**不レV**《Vセず》　Vしない(用言の否定)
　※「弗」も「ず」と読む。
　※「ず」は連体形「ぬ」・已然形「ね」は用いず、「ざる」「ざれ」を用いる。

□**無レN**《N（スルコト）なシ》　Nがない(存在の否定)
　※「N」は体言・連体形。「莫・勿・毋・亡」も「なシ」と読む。「なカレ」と命令形のとき「禁止」。

□**非二～一**《～ニあらズ》～ではない(否定的判断をあらわす)
　※「～」は体言・連体形。「ニ」は断定の助動詞「なり」の連用形。

○部分否定（＝否定詞＋副詞)

□**不二常V一**《つねニハVセず》
いつもVするとは限らない・するわけではない
　※副詞＝「必《かならズシモ》・常《つねニハ》・倶《ともニハ》・甚《はなはダシクハ》・全《まつたクハ》・尽《ことごとクハ》・久《ひさシクハ》・多《おほクハ》・重《かさネテハ》・両《ふたつながラハ》・皆《みなハ》」

□**不二復V一**《まタVセず》
二度とVしない／もう・もはや・そのままVしない

○二重否定
※肯定を強調。下から二つ否定を外して「みな・すべて」を加えて訳す。
　※「Vセ」は未然形。

□**無レ不レV**《Vセざル（ハ）なシ》
Vしないものはいない＝みな・すべてVする

□**非レ不レV**《Vセざルニあらズ》
Vしないのではない＝みな・すべてVするのである

□**不レ不レV**《Vセずンバアラず》
Vしないことはない＝みな・すべてVする

□**不レ可レ不レV**《Vセざルベカラず》
Vしないわけにはいかない／Vしなければならない＝すべてVすべきだ

□**無二A無レB**《AトシテBなキハなシ》
どんなAでもBのないものはない＝どのAにもすべてBがある
※「A」「B」はともに体言。

□**無二N不レV**《NトシテVセざルハなシ》
どんなNでもVしないNはない＝どんなNでもすべてVする
※「N」は体言。

□**未二嘗不レV**《いまダかつテVセずンバアラず》
今までVしなかったことはない＝いつもVしていた
※ず＋ず＝ずんばあらず。

□**不二敢不一レV**《あへテVセずンバアラず》
Vしないわけにはいかない＝きっと（進んで）Vする
※ず＋ず＝ずんばあらず。

○その他

□**無二AB一**《ABトなク》 ABの区別なく（すべて）
＝「無レA無レB」《AトなクBトなク》
※「A」「B」は反意語。

□**不二敢V一**《あへテVセず》
無理には・強いては・進んではVしない／Vしようとしない

□**不二肯V一**《あへテVセず》
進んではVしない／Vするのを承知しない／Vする気にならない
※「不レ肯レV」《Vスルヲがヘンぜず》と読んでも同じ意味。

□**不二必V一**《かならズシモVセず》
Vする必要はない

☆使役形

□**S使二NV一レO**《SハNヲシテOヲVセしム》
SはNにOをVさせる
※使役の助動詞「しム」＝「使・令・俾・教・遣」。
※「N」は動作主で名詞（代名詞）。
※使役の対象（動作主）「N」が二つ以上あるときは「ヲシテ」を繰り返し送る。述語「V」が二つ以上あるときは最後の述語から「しム」に返り、訳には述語ごとに「させる」を付ける。

□**S使レVレO**《SハOヲVセしム》
SはOをVさせる
※動作主「Nヲシテ」は省略されることがある。

□**命レNVレO**《NニめいジテOヲVセシム》
Nに命令してOをVさせる
※使役を暗示する動詞＝「命《めいジテ》・説《とキテ》・遣《つかハシテ》・召《めシテ》・任《にんジテ》・勧《すすメテ》・教《をしヘテ》・戒《いましメテ》・属《しょくシテ》・論《さとシテ》」などの命令・依頼・勧誘の動詞のときには使役になることがある。最後の述語（V）に「シム」と送り仮名を付け、訳には「させる」を付ける。

☆受身の句形

○見・被（受身の助動詞「る・らル」）

□S見レV二於A一《SハAニVる・らル》
SはAにVされる
※「V」は未然形。「見・被・所・為」を受身の助動詞で読む。
※接続は、動詞の未然形がア段の音＋る、それ以外の音＋らル。
※「於」＝「于・乎」（動作主を示す前置詞）＝by。

○於・于・乎（動作の主体を示す前置詞）

□SV二於・于・乎A一《SハAニVル・ラル》
SはAにVされる
※「於・于・乎」＝by。「V」は未然形。

○為二〜所一レ〜（受身の慣用句）

□S為二A所一レV《SハAノVスルところトなル》
SはAにVされる
※「A」は動作主。「Vスル」は連体形。「為」＝by／for。

☆仮定形

○若・如・苟・縦・雖

□若〜《もシ〜バ》もし〜ならば
※未然形・已然形＋バ。「若」＝「如」。

□苟〜《いやしクモ〜バ》もし・かりにも〜ならば
※未然形・已然形＋バ。
※漢文では接続助詞「ば」の意味は次のようになる。
・未然形・已然形＋バ＝仮定条件「〜ならば、」
・已然形＋バ＝確定条件「〜するので・するところ、」

□縦〜《たとヒ〜モ・トモ》
たとえ〜であっても・としても
※連体形＋モ、終止形＋トモ。
「縦令・縦使・仮令・仮使」（「即」）も「たとヒ」と読む。

□雖二〜一《〜トいへどモ》
〜としても・であっても（逆接仮定）
〜であるけれども（逆接確定）
※終止形・体言＋ト。「といっても」とは訳さない。

○否定文を仮定条件節に使う

※否定文が二つ連続するとき、前の否定文が仮定条件節になることがある。
・「不」＋「バ」＝《ずンバ／ざレバ》
・「無」＋「バ」＝《なクンバ／なケレバ》
・「非」＋「バ」＝《あらズンバ／あらザレバ》

□不二〜一無二…一《〜ずンバ…なシ》
〜しないならば…はない
※「〜」は未然形、「…」は体言・連体形。

□非二〜一不二…一《〜ニあらズンバ…ず》
〜でないならば…しない
※「〜」は体言・連体形、「…」は未然形。

□非二〜一無二…一《〜ニあらザレバ…なシ》
〜でないならば…はいない
※「〜」は体言・連体形、「…」は体言・連体形。

○使役文を条件節に使う

□使二NV一、則～《NヲシテVセしムレバ、すなはチ～》

もしNがVするならば、その場合は～

※「N」が主語になる。「Vセ」は未然形。

※使役の形を借りているだけなので、「させれば」と訳してはならない。「使」を「もシ」とも読むことができる。

☆比較・最上の句形

○於・于・乎（比較を表す前置詞）

□AV二於B一《AハBヨリ（ヨリモ・ニ）Vナリ》

AはBよりもVである

※「Vナリ」は「形容詞・形容動詞・動詞」。「於」＝「于・乎」。

□莫レV二於A一《AヨリVナル（ハ）なシ》

AよりVなものはない／Aが一番Vである

※「Vナル」は「形容詞・形容動詞・動詞」。最上。

○不如・不若

□A不レ如レB《AハBニしカず》

AはBには及ばない／AよりBのほうがよい

※「如」＝「若」。「B」は体言・連体形。

□莫レ如レB《Bニしクハなシ》Bに及ぶものはない／Bが一番だ

※「如」＝「若」。「莫」＝「無」。最上。

□A不レ若二B為レ愈《AハBのまさレリトなスニしカず》

AよりもBのほうがすぐれている

※「愈」の代わりに「優」を用いることもある。

○孰若・孰与

□与二其A一、孰二若B一《そノAセンよりハ、Bスルニいづレゾ》

AするよりはBするほうがよいではないか

※「其」は強意の助詞、代名詞ではない。「孰若・孰与」は「不若」「不如」でもほぼ同じ。

☆限定形・累加形

○唯・惟・只・止・但・直・徒・特・啻（ただ）・独（ひとり）

□唯～耳《ただ～のみ》

ただ～だけである（限定）／～にすぎない・にほかならない（強調）／～なのである（断定）

※限定する述語か主語に「ノミ」という送り仮名を付ける。

□～耳《～のみ》

～だけである（限定）／～にすぎない・にほかならない（強調）／～なのである（断定）

※文末などに置かれ、「連体形・体言」＋「のみ」となる。「耳・爾・已・而已・而已矣」。

○不唯・非独

□不二惟V一、亦（又・而）～

《たダニVスルノミナラず、まタ（まタ・しかシテ）～》

（ただ）Vするだけでなく、そのうえ（さらに）～

□非二惟V一、亦（又・而）～

《たダニVスルノミニあらズ、まタ（まタ・しかシテ）～》

（ただ）Vするだけでなく、そのうえ（さらに）～

※副詞＝「唯・惟・只・但・特・徒・直・啻《たダニ》・独《ひとリ》」

接続詞＝「亦・又《まタ》・而《しかシテ》・且《かツ》」

※送り仮名「ノミ」は「耳・爾・已・而已・而已矣」を使うこともある。

○反語の句形を使う。豈特・豈独

□豈特～而已乎。（亦～）《あニたダニ～のみナランや。（まタ～）》
どうして（ただ）～だけであろうか、いや～だけではない。
（さらに～である）
※副詞＝「唯・惟・只・但・特・徒・直・啻《たダニ》・独《ひとリ》」
※「豈」は「何《なんゾ》」でも同じ。文末「而已乎」は「ノミナランヤ」と送っても同じ。送り仮名「ノミ」は「耳・爾・已・而已・而已矣」も使う。

☆抑揚形

□A猶（尚・且）B、況C乎
《Aスラなホ（なホ・かツ）B、いはンヤCヲや》
AでさえやはりBである、ましてCはなおさら（B）である
※AとCとの対比・比較の句形。
※後半の「況C乎」は「而況乎C也哉」（しかルヲいはンヤCヲや）、「何況C乎」（なんゾいはンヤCヲや）、「豈況C乎」（あニいはンヤCヲや）、「況於レC乎」（いはンヤCニおいテヲや）となることもあるが意味は同じ。

☆疑問形

○疑問詞

□何《なんゾ》
どうして・なぜ＝「曷・奚・胡」。

□何以《なにヲもつテ（カ）》
どうして・どのようにして・何によって

□何不レV《なんゾVセざル》
どうしてVしないのか、Vすればよいのに（勧誘・勧告）
※再読文字「盍レV」《なんゾVセざル》と同じ疑問・勧誘・命令。

□何為《なんすレゾ》　どうして＝「曷為・奚為・胡為」。

□何人《なんぴと（ゾ）》　何者か

□何日《いづレノひニカ》　いつなのか

□幾何《いくばく（ゾ）》　どれほど・どれくらい＝「幾許」「幾」。

□安《いづクニ（カ）》　どこに＝「悪・焉・烏・悪乎」。

□安《いづクンゾ》　どうして＝「悪・焉・烏」。「寧」は反語のみ。

□如何《いかんゾ》　どうして（疑問・反語）＝「若何・奈何」。

□如何。《いかんセン。》
どうしたらよいか（手段方法）＝「若何・奈何」（反語もある）
※「何如・何若」《いかん》と同じ意味でも使う。

□何如。《いかん。》
どうであるか（状態）・どう思うか（意見）＝「何若」（疑問のみ）

□孰《いづレカ》　どちらが～か／《たれカ》だれが～か

□誰《たれカ》　だれが～か

○肯定形と否定形とを並列する。肯定＋否定＝疑問

□V否《Vスルヤいなヤ》　Vするか（どうか）
※＝「V未」《Vスルヤいまダシヤ》・「V不」《Vスルヤいなヤ》
※「Vスル」は連体形。

☆反語形

※終助詞「や」には「乎・与・也・耶・哉・邪」などがある。

□**何V（乎）**《なんゾVセン（ヤ）》
〔どうしてVしようか、いや〕Vしない
※「Vセ」は未然形。

□**可レV乎**《Vスベケンや》
〔Vできようか、いや〕Vできない
※「Vス」は終止形（ラ変型活用語には連体形）。

□**安得レV乎**《いづクンゾVスルヲえンや》
〔どうしてVできようか、いや〕Vできない

□**孰V耶**《たれカVセンや》
だれもVしない

□**何A之V**《なんノAヲカこレVセン》
どうしてAをVしようか、いやVしない
※「之」は倒置をあらわす。「A」は「体言＋（を）か」「連体形＋ことか」で読む。

□**何A之有**《なんノAカこレあラン》
どのようなAがあろうか、いやどのようなAもない
※「有二何A一」（なんノAカあラン）の倒置。

□**如何。**《いかんセン。》
どうしようもない＝「若何・奈何」。

□**如レO何。**《Oヲいかんセン。》
Oをどうしようもない＝「若何・奈何」。
※「O」は目的語。「如」＝「若・奈」。

□**其如レO何**《そレOヲいかんセン》
Oをどうしようか、いや、どうしようもない
※「其（そレ）」は反語をあらわす。「O」は目的語。「如」＝「若・奈」。

□**豈V乎**《あニVセンや》
〔どうしてVしようか、いや〕Vしない
※「Vセ」は未然形。反語のときが多いが、疑問・詠嘆もある。

□**豈不レV乎**《あニVセざランや》
〔どうしてVしないだろうか、いや〕Vする
※「Vセ」は未然形。

□**敢不レV乎**《あへテVセざランや》
どうしてVしないであろうか、いや、きっとVする
※「Vセ」は未然形。

□**其奚V**《そレなにヲカVセン》
一体何をVしようか、いや、Vできるはずがない
※「其（そレ）」は反語をあらわす。「奚」＝「何」。「Vセ」は未然形。

☆詠嘆形

○詠嘆の助詞「哉・矣・夫・乎」などを用いた詠嘆

□~哉、(…也)《~かな、(…や)》 ~だなあ、(…は)

※「…也、~哉」の倒置。「噫・嗟・嗚呼(ああ)」などが文頭に付くこともある。

○疑問詞を用いた詠嘆

※原則的に疑問文と同じ読みになる。相手に同意を求める・念を押す表現。

□何其V也《なんゾそレVスルや》 なんとVすることよ

※「Vスル」は連体形。

□何N之V也《なんゾNのVスルや》 なんとNのVすることよ

※「何」は「なんゾ」と読み、詠嘆の副詞で「なんと」という意味になる。

□豈~耶《あニ~スルか》

なんと~ではなかろうか・であることよ

※「豈」は詠嘆の用法、「其(そレ)」(強調の副詞)も同じ用法がある。

○詠嘆(的反語)

※相手に同意を求める・念を押す表現。

□豈不レV乎《あニVセずや》

なんとVではないか(Vであることよ)

※明確な反語のときは「あニVセざランや」と読む。

□豈非二~一乎《あニ~ニあらズや》

なんと~ではないか(~であることよ)

※「~」は体言か連体形。「ニ」は断定の助動詞。

□不二亦V一乎《まタVセずや》

なんとVではないか(Vであることよ)

※「亦不レV」《まタVセず》はただの否定で「やはりVしない」の意味。

□不レV乎《Vセずや》 Vではないか(Vであることよ)

※「Vセ」は未然形。

※終助詞「や」には「乎・与・也・耶・哉・邪」などがある。

☆その他の句形

○願望

□願V《ねがハクハVセン》

ぜひVしたい/どうかVさせてください

※「Vセ」は未然形。「自己の願望」をあらわす。

《ねがハクハVセヨ》どうかVしてください

※「Vセヨ」は命令形。「他者への願望」をあらわす。

※「請・乞」《こフ/こフラクハ》・「庶幾」《こひねがハクハ》も同じ。

□欲レV《Vセントほっス》

Vしようとする/Vしたいと思う/Vするだろう

※否定文では「不レ欲レV」《Vスルヲほっセず》となる。

○可能・不可能

□可レV《Vスベシ》

Vすることができる(可能)/Vしてもよい・Vするのがよい(許可・許容)

※「Vス」は終止形、ただしラ変型活用語のときは連体形。「可二以V一」《もっテVスベシ》も同じ。反語のときは「可レV乎」《Vスベケンや》と読むことが多い。

□能V《よくVス》
Vすることができる
※否定文では「不レ能レV《Vスルあたハず》Vすることができない」、「無二能V一」《よくVスルなシ》Vすることができない」となる。「Vスル」は連体形。

□得レV《Vスルヲう》
Vすることができる
※「Vスル」は連体形。「得而V」《えテVス》と同じ。「Vス」は終止形。

□可レ得レV《Vスルヲうベシ》Vすることができる
※「可得」＝「可」「得」一字と同じ。「Vスル」は連体形。

□足レV《Vスルニたル》
Vするのに十分である・することができる・する価値がある

□無二以～一《もつテ～なシ》
～ができない

□不レ忍レV《Vスルニしのビず》
Vすることにがまんできない／他人の不幸を見て平気でいられない（同情心がある）

□不レ可レ勝レV《Vスルニたフベカラず》
Vできないほど多い／Vしきれないほど多い
※「Vスル」は連体形。「不レ可二勝V一」《あゲテVスベカラず》と読んでも同じ。「Vス」は終止形、ただしラ変型活用語には連体形。

○その他の語法

□以レA為レB《AヲもつテBトなス》
AをBとする・Bと考える・Bと思う
※「以為～」《おもヘラク～ト》と読み「思うに～と」の意味にもなる。判断をあらわす。

□V以レA《VスルニAヲもつテス》AをVする
※「以レAV」の倒置形。「以」の用法（手段方法・原因理由・目的語の強調）によって意味が決まる。

□庶二幾V一《Vスルニちかカラン》
たぶん（おそらく）Vするだろう

□庶二～一《～ニちかシ》ほとんど～だろう

□近二～一《～ニちかシ》ほぼ～だろう／たぶん～だろう

□殆～《ほとんド～セン》きっと～だろう

□垂二～一《～ニなんなんトス》
いまにも～になろうとしている／～にちかい

□無二乃～一乎《すなはチ～なカランや》
～ではないだろうか／～かもしれない
※「婉曲的反語」といい肯定的な意味になる。「無乃」で「むしロ」と読むこともある。

□難レV《Vシがたシ》Vすることが困難である・難しい
《Vスルヲなんズ》Vすることを非難する

基本語彙一覧

○多義語

□**為**
①つくル　①つくる
②をさム　②治める
③なル　③なる
④なス　④する
⑤ためニス　⑤ためにする
⑥たリ　⑥である〔断定〕
⑦る・らル　⑦される〔受身〕
⑧ため・ためニ　⑧ため・ために
⑨おこなひ・しわざ　⑨おこない〔行為〕

□**与**
①あたフ　①与える〔授与〕
②あづかル　②関係する・関与する〔参与〕
③くみス　③味方する・支持する〔与党〕
④ともニス　④一緒に行動する
⑤ともニ　⑤一緒に・共に
⑥ためニ　⑥ために
⑦と　⑦と〔並立〕
⑧より　⑧より〔比較〕
⑨や・か　⑨や・か〔疑問・反語〕

□**已**
①やム　①やめる
②すでニ　②もはや・～した以上は
③のみ　③だけである〔限定〕

□**夫**
①そレ　①そもそも・一体全体
②かノ　②あの・その
③かな　③ことよ・だなあ〔詠嘆〕
④をとこ（フ）　④一人前の男子

□**将**
①しやう・ひきヰル　①将軍・ひきつれる〔将相・将帥・将卒〕
②もつテ　②もって・もちいて（＝以）
③はタ　③そもそも・あるいは・それとも
④まさニ～ントす　④いまにも～しようとする

□**諸**
①もろもろ　①多く・いろいろ
②これ（ヲ）　②これ〔を〕（＝之於）

□**説**
①とク（セツ）　①言う・説明する・告げる〔演説〕
②とク（ゼイ）　②説得する・ときすすめる〔遊説〕
③よろこブ（エツ）　③喜ぶ・気に入る（＝悦）〔説楽〕

□**悪**
①にくム（オ）　①憎む〔憎悪〕・嫌う〔好悪〕
②そしル（アク）　②中傷する・ののしる〔悪言・悪罵〕
③わろシ（アク）　③悪い〔悪癖〕・醜い〔醜悪〕・粗末な〔悪食〕・下手な〔悪筆〕
④いづクンゾ　④どうして
⑤いづクニカ　⑤どこに（＝「悪乎」）

□**就**
①つク　①おもむく・近づく・つく〔去就・就職〕
②なル・なス　②しあげる・なす・なる〔成就〕

□**対**
①こたフ　①お答えする〔応対〕
②むかフ　②向き合う〔対応・対決〕

□**遺**
①のこス・のこル　①あとにのこす〔遺産〕
②わすル　②わすれる〔遺忘〕
③おくル　③おくる・やる〔遺贈〕
④すツ　④すてる〔遺棄〕

□**事**
①つかフ　①仕える〔師事〕
②ことトス　②専念する・従事する・仕事にする

□**愛**
①あいス　①愛する・かわいがる〔愛慕〕
②をしム　②惜しむ・大切にする〔愛惜〕

□**道**
①いフ　①言う・話す・伝える〔報道〕
②みちびク　②導く・教える

□**辞**
①じス　①㋐ことわる〔辞退・固辞〕
㋑やめる〔辞職・辞任〕
㋒いとまごいする・別れを告げる〔辞去〕
㋓去る〔辞世〕
②じ　②言葉・文章〔辞令・賛辞・答辞・謝辞〕

□**造**
①つくル　①つくる〔製造〕
②いたル　②行く・訪れる〔造詣〕
③なス　③する

□**見**
①みル・みユ　①見る・会う〔見聞〕
②まみユ　②お会いする〔謁見〕
③あらはル・あらはス　③現れる・現す〔露見〕
④る・らル　④〜される〔受身〕

□**易**
①かフ（エキ）　①交換する・かえる・かわる〔貿易・変易〕
②やすシ（イ）　②たやすい・手軽な〔平易・安易・容易・簡易〕
③あなどル（イ）　③軽くみる・ばかにする〔慢易・易慢〕
④うらなひ（エキ）　④うらない〔易占〕

□**負**
①おフ　①背負う〔負担・負債〕
②たのム　②頼る〔自負〕
③そむク　③背く・裏切る〔負畔〕
④まク　④負ける〔勝負〕

□**封**
①ふうズ　①閉じる〔封書〕
②ほうズ　②領地を与える〔封建〕

□**作**
①つくル　①つくる〔創作〕
②なス　②する〔動作・作為〕
③おこル　③おこる〔発作〕

□**勝**
①かツ　①勝つ〔勝負・勝敗〕
②まさル　②すぐれている〔景勝・奇勝・健勝〕
③たフ　③堪える
④あゲテ　④すべて・ことごとく

□**過**
①㋐〔〜ヲ〕すグ　①㋐〜をすぎる〔通過・過度〕
㋑〔〜ニ〕すグ　㋑〜より優れている
②〔〜ニ〕よぎル　②〜に立ち寄る
③あやまツ・あやまチ　③過失を犯す・過失

□**逆**
①さかラフ（ギャク）　①そむく・反対する〔反逆・逆境〕
②むかフ（ゲキ）　②むかえる〔逆旅〕
③あらかじメ（ゲキ）　③前もって・あらかじめ

□**資**
①もと（シ）　①もとで・費用・原料〔資本・学資・物資・資産〕
②たち　②生まれつき・性〔天資・資質〕
③たすク　③助ける
④もちフ　④用いる・役立てる・利用する

□**質**
①しつ　①㋐たち・生まれつき〔性質〕
㋑じみ・ありのまま〔質素〕
㋒もと・根本〔本質・実質〕
㋓もの〔物質〕
②ち　②しち〔人質〕
③ただス　③問いただす〔質問・質疑〕

□**縦**
①たて（ジュウ）　①たて〔縦横〕
②ほしいままニス　②自分勝手にする〔縦覧（ショウラン）〕
③たとヒ　③たとえ・かりにも〜としても
④ゆるス　④許す
⑤はなツ　⑤放つ

□**固**
①かたシ　①㋐かたい〔堅固・頑固・固執〕
㋑かたく（〜する）〔固辞・固守〕
②もとヨリ　②本来・もともと〔固有〕・もちろん

□**率**
①りつ（リツ）　①わりあい〔比率〕
②ひきヰル（ソツ）　②ひきつれる〔引率〕
③したがフ（ソツ）　③したがう
※「率直」は日本語特有の熟語で「ありのまま・すなお」の意味。

□**比**
①くらブ　①比べる〔比較・対比〕
②ならブ　②ならぶ・ならべる〔比肩〕
③たとフ　③たとえる・なぞらえる〔比喩〕
④したしム　④親しむ〔比周〕
⑤たぐひ　⑤同類・仲間〔比類〕
⑥ひ　⑥わりあい〔比率〕
⑦ころほひ　⑦このごろ〔比来〕

□致　①いたス　①㋐送り届ける〔送致〕
㋑返す・納める・官を辞す〔致仕〕
㋒招きよせる〔誘致・招致〕
㋓いたらせる・いたる〔致死〕
②ち　②おもむき・ありさま〔風致〕
□称　①しようス　①㋐言う・となえる・呼ぶ
〔称呼・称名・敬称・称号〕
㋑ほめる・たたえる〔称賛〕
㋒つりあう・適合する〔対称〕
□白　①まうス　①㋐申し上げる〔敬白・啓白・建白〕
㋑語る・告げる〔自白・白状・告白〕
□患　①うれフ　①心配する・悩む〔憂患〕
②わづらフ　②病気になる〔疾患・患者〕
□発　①つかはス　①遣わす〔発遣〕
②おこル　②起こす〔発起〕
③ひらク　③開く〔開発〕
④あらはス　④現す〔発現〕
⑤おくル　⑤送る〔発送〕
⑥あばク　⑥あばく〔摘発〕
⑦はなツ　⑦はなつ〔発射〕
⑧ゆク　⑧ゆく〔出発〕
⑨すすム　⑨進む〔発達〕
□遊　①あそブ　①㋐たわむれる・楽しむ・遊ぶ〔遊興・遊戯〕
㋑気ままに出かける〔春遊〕
㋒仕官・勉学のために他国に行く
〔遊学・客遊〕
㋓付き合う〔交遊〕
㋔歩き回る〔遊行〕
㋕旅に出る〔遊人・遊子〕
㋖おとこだて〔遊侠〕

□啓　①ひらク　①あける・導く・教える〔啓発・啓蒙・啓示〕
②まうス　②申し上げる〔拝啓・啓上・啓白〕
□釈　①とク　①㋐解き明かす・言い訳する・理解する
〔解釈・釈明・注釈〕
㋑とける・とかす〔氷釈〕
②すツ　②捨てる・手放す・おく〔希釈〕
③ゆるス　③許す・放つ〔釈放・保釈〕
□去　①さル　①㋐立ち去る・離れる・退ける・捨てる
〔辞去・去私・去就〕
㋑取り去る・除く・あける・減らす
〔除去・撤去〕
□中　①あツ（下二）　①的に当てる〔命中〕
②あたル（四段）　②当たる・予想通りになる〔的中〕
③ちゆうス　③南中する・真南になる・正午になる〔日中〕
④うち・なか　④内部・なか・なかば・まんなか
〔城中・中等・中央〕
□待　①まツ　①㋐待つ・期待する〔待機〕
㋑必要とする・用意する
㋒もてなす・あしらう〔待遇・接待・歓待〕
□破　①やぶル　①くだく・裂く・こわす
〔破裂・破壊・破格・破顔〕
②は　②～しつくす・しとげる〔読破・踏破〕
※「困難なことをやってのける」という動詞の接尾語。
□切　①きル　①切る〔切断〕
②せつ　②㋐ねんごろである〔懇切〕
㋑苛酷である・きびしい〔痛切〕
㋒差し迫っている〔切実・切迫〕
㋓ぴったりである・密着する〔適切〕
㋔こすりあわせる〔切歯扼腕〕
③さい　③すべて〔一切合切〕

□望　①のぞム　①㋐遠くを見る・眺める〔望遠・望郷〕
㋑希望する〔希望・志望〕
㋒うらむ〔怨望〕
②ばう　②㋐もちづき・満月〔望月〕
㋑ほまれ〔声望・名望〕

□服　①ふくス　①㋐着る〔元服・礼服〕
㋑従う〔感服・服従〕
㋒飲む〔服用〕
㋓務める・仕事をする〔服役〕

□識　①しル（シキ）　①㋐みとめる・さとる〔認識〕
㋑知ること〔知識〕
㋒意見・考え〔見識〕
㋓ものしり〔博識〕

□経　①ふ・たツ　①通り過ぎる〔経由・経過・経路〕
②はかル　②測る
③をさム・いとなム　③経営する〔経世済民・経済〕
④つね　④常〔経常・経費〕
⑤たて　⑤縦・縦糸〔経度・経緯〕
⑥けい・きやう　⑥書物〔経書・写経〕

□謝　①しや　①㋐あやまる〔謝罪・陳謝〕
㋑去る・代わる〔新陳代謝〕
㋒礼を言う・挨拶する〔感謝・謝礼・謝恩〕
㋓ことわる・辞退する〔謝絶〕

□亡　①にグ（ボウ）　①逃げる〔逃亡〕
②なクナル　②なくなる・失う〔亡失〕
③ほろブ　③滅ぶ・亡ぶ〔亡国〕
④しス　④死ぬ〔死亡・亡霊〕
⑤なシ（ブ）　⑤ない〔亡聊＝無聊〕

□任　①まかス　①㋐ゆだねる〔委任〕
㋑気ままにさせる〔放任・任意〕
②になフ　②負う・になう〔任負〕

□余　①あまリ・あまル　①㋐残り・名残り〔残余・余熱〕
㋑ひま〔余暇〕
㋒ほか〔余人・余念〕
㋓ゆとり〔余分・余裕〕

□長　①ながシ　①長い・久しい〔長期・長寿・悠長〕
②ちやうズ　②㋐すぐれる・まさる〔長所・一長一短〕
㋑大きくなる・のびる〔成長・延長・助長〕
③ちやう　③㋐おさ〔首長・長官〕
㋑目上・年上〔長幼・年長・長子〕

□除　①のぞク　①とりのける・のぞく〔除外・削除・排除・除草〕
②じよス　②㋐旧官をのぞいて新官を授ける〔除官・除目（じもく）〕
㋑古いものを取り去る〔除夜〕
㋒割り算をする〔除数・加減乗除〕

○慣用表現・接続詞など

□則　すなはチ　～（ならば）その場合は・～（ので）その場合は
□輒　すなはチ　～するたびごとに・すぐに・たやすく
□即　すなはチ　すぐに・つまり・とりもなおさず
□便　すなはチ　すぐに・たやすく
□乃　すなはチ　そこで（順接）・それなのに（逆接）・なんと（詠嘆）・やっと（強意）
□所以　ゆゑん　①原因理由　②手段方法
③～するために・目的
④～するもの・こと

□所謂　いはゆる　世に言う・世間で言われている・いわゆる
□為レ人　ひとトなり　人柄・性格
□如レ是　かクノごとシ　このようである（如＝若、是＝之・此）
□然後　しかルのち　そこではじめて・そこでやっと・そうして後
□然則　しかラバすなはチ　そうであるならば・それならば
□然而　しかリしかうシテ　そうではあるが・そうであるので
□雖レ然　しかリトいへどモ　そうであるとしても・そうであるが・それでも
□須臾　しゆゆ　ほんの少しの間・しばらく
□以レ是　これヲもつテ　それで・これによって（代名詞的）
□是以　ここヲもつテ　だから（接続詞的）
□於レ是　ここニおいテ　そこで（接続詞的）
□至レ是　ここニいたりテ　かくて・そこで（接続詞的）
□以為　おもヘラク〜ト　思うに〜と
□何則　なんトナレバすなはチ　なぜならば・なぜかというと
□何者　なんトナレバ　なぜかというと
□何謂也　なんノいヒゾや　どういう意味か
□既而　すでニシテ　まもなく・やがて
□宜乎　むベナルかな　もっともなことだなあ・当然のことだなあ
□未レ幾　いまダいくばくナラず　まもなく
□已矣乎　やンヌルかな　もうこれまでだ・もうどうしようもない

○重要名詞

□汝　なんぢ　きみ・おまえ（親しい間柄の者・目下の者に用いる）
（＝爾・若・女・而）
□足下　そつか　あなた（軽い敬意をこめて言うとき）
□吾子　ごし　あなた（友人が互いに親しんで言う）
□吾人　ごじん　われわれ・われら
□寡人　くわじん　わたくし（王や諸侯の自称・謙称）／徳の少ない人
□百姓　ひやくせい　人民・一般民衆（「ヒャクショウ（農民）」ではない）
□城　じやう　城郭都市・城壁で囲まれた都市・まち／とりで
□布衣　ふい　無位無官の「平民」・庶民（「布衣」は「麻の着物」）
□左右　さいう　側近・近侍の臣下・仲間・身辺
□人間　じんかん　人の世・俗世間・世間
□晩　ばん　日暮れ・夕暮れ（「夜」の意味ではない）
□君子　くんし　徳の高い人・人格者・教養人・貴人
□小人　せうじん　人格、教養にかける人・つまらない人物
□大人　たいじん　人格の高い人・人を尊んで呼ぶ語
□匹夫　ひつぷ　身分の低い男・庶民の男・つまらない人
□市井　しせい　民間人・一般庶民／民間
□故人　こじん　旧友・昔からの友人
□古人　こじん　昔の優れた人・昔の立派な人・偉人
□京師　けいし　都・首都
□逆旅　げきりよ　旅館・宿屋（「逆」は「迎え入れる」の意）

□裏　り　内部・うち・なか
□大丈夫　だいぢやうふ　一人前の立派な男子
□客　かく　有力者に寄食する者・旅先にいる人・客人
□理　り　道理・論理・整然とした美しさ
□朝野　てうや　「朝」は「朝廷」、「野」は「民間・在野」
□遠慮　えんりよ　遠い将来まで見通した深い考え・遠いおもんぱかり
□包丁　ほうてい　昔の名高い料理人の名・料理人
□不肖　ふせう　愚か者／父祖に似ない者（「肖」は「似る」の意味）
□長者　ちやうじや　年長者・徳の高い人物・人格者
□神　かみ（シン）　天の神・理性でわからない不思議な力／心・精神
□支配　しはい　手配りすること／物事を細かく区別して処理すること
□真面目　しんめんぼく（しんめんもく）　本来の姿・ありのままの姿・真相・真価
□結構　けつこう　組み立て・構造・共謀
□迷惑　めいわく　迷う・どうすればよいのかわからないさま・まどわす

○**重要副詞**

□勝　あゲテ　ことごとく・みな
□遍　あまねク　すみずみまで（いきわたる）
□徒　いたづラニ　むだに・むなしく
□愈　いよいよ　ますます
□弥　いよいよ　ますます

□転　うたタ　ますます
□各　おのおの　それぞれ・ひとりひとり
□率　おほむネ　みな・すべて・おおよそ
□概　おほむネ　おおよそ・あらまし
□徐　おもむロニ　ゆっくり・ゆるやかに
□凡　およソ　一般的に・すべて
□嘗　かつテ　以前～したことがある
□曾　かつテ　以前～したことがある
□却　かヘツテ　反対に
□反　かヘツテ　反対に
□極　きはメテ　このうえなく・ごく
□蓋　けだシ　思うに・恐らく～だろう
□尽　ことごとク　みな・すべて
□悉　ことごとク　みな・すべて
□殊　ことニ　とりわけ・特に
□交　こもごも　かわるがわる・交互に
□向　さきニ　さきほど・以前に
□更　さらニ　そのうえ・ますます
□頻　しきりニ　しばしば
□数　しばしば　たびたび
□暫　しばらク　まもなく・しばし
□姑　しばらク　一時・とりあえず
□頗　すこぶル　すこし・かなり
□已　すでニ　もはや・～した以上は
□既　すでニ　もはや・～した以上は
□都　すベテ　みな・すべて
□抑　そもそも　いったい・それとも・あるいは
□忽　たちまチ　突然・不意に・にわかに

□適　たまたま　偶然に・ちょうど
□適　まさニ　ちょうど
□遇　たまたま　偶然に・思いがけなく
□会　たまたま　偶然に・ちょうど
□遂　つひニ　結局・そのまま・その結果
□終　つひニ　とうとう・結局
□卒　つひニ　とうとう・結局
□竟　つひニ　とうとう・結局
□了　つひニ　とうとう・結局
□具　つぶさニ　くわしく・詳細に
□具　ともニ　みな・そろって・一緒に
□毎　つねニ　そのたびごとに、いつも
□審　つまびラカニ　くわしく・明らかに
□詳　つまびラカニ　くわしく・明らかに
□手　てヅカラ　自分の手で・自分で
□頓　とみニ　にわかに・急に・不意に
□倶　ともニ　みな・そろって・一緒に
□与　ともニ　みな・そろって・一緒に
□猶　なホ　やはり・そのうえ・それでも
□尚　なホ　やはり・そのうえ・それでも
□俄　にはカニ　急に・まもなく
□遽　にはカニ　急に・不意に
□卒　にはカニ　急に・不意に
□果　はたシテ　思った通り・予想通り・その結果
□甚　はなはダ　非常に・はなはだしく
□太　はなはダ　非常に・はなはだしく
□窃　ひそカニ　こっそりと・心の中で
□私　ひそカニ　こっそりと・個人的に

…………………………………………

□両　ふたつながラ　両方とも
□殆　ほとんド　おそらく（だろう）・ほとんど（近い）
□幾　ほとんド　ほぼ・すんでのことに・ほとんど
□略　ほぼ　およそ・あらまし
□益　ますます　いよいよ・ますます
□滋　ますます　いよいよ・ますます
□亦　まタ　やはり・もまた同じように・なんと
□又　まタ　さらに・そのうえ・再び
□復　まタ　再び・さらに・二度と・もう
□自　みづかラ　自分で・自分から
□自　おのづかラ　自然と・自然に
□親　みづかラ　自分で・自分から
□妄　みだりニ　いい加減に・でたらめに
□皆　みな　すべて・全部
□寧　むしロ　どちらかといえば
□尤　もつとモ　特に・とりわけ・甚だしい
□素　もとヨリ　はじめから・もともと・平素から
□固　もとヨリ　もともと・本来・もとから
□故　もとヨリ　もともと・本来・もとから
□故　ゆゑニ　だから
□故　ことさらニ　わざと
□漸　やうやク　だんだんと・しだいに
□稍　やや　ようやく・しだいに・すこし
□動　ややモスレバ　とかく・つねに・そのたびにいつも
□僅　わづカニ　やっと・かろうじて・すこし
□纔　わづカニ　やっと・はじめて

改①20240406